내 아이를 위한 365일 부모 수업

365 days Lessons for Parents

내 아이를 위한
365일 부모수업

박용재 지음

황소북스

우리 아이에게 물려주어야 할
두 가지 영원한 유산이 있다.
하나는 뿌리고, 다른 하나는 날개다.
― 호딩 카터(Hodding Carter)

저자의 글

세상을 비추게 될 아이와 함께하는 것이
부모라면 운명이자 숙명입니다

만일 내가 다시 아이를 키운다면
먼저 아이의 자존심을 세워주고
집은 나중에 세우리라.

아이와 함께 손가락 그림을 더 많이 그리고
손가락으로 명령하는 일은 덜 하리라.

아이를 바로잡기 위해 애쓰고
아이와 하나가 되기 위해 더 많이 노력하리라.
시계에서 눈을 떼고 눈으로 아이를 더 많이 바라보리라.
(하략)

다이애나 루먼스의 시 〈만일 내가 다시 아이를 키운다면〉의 일부입니다. 이 시처럼 내 아이와 학생들이 지금 어떤 마음과 가치를 키워가고 있을까를 생각하고 고민합니다.

초등학교에 갓 입학한 한 아이가 있습니다. 아이는 호기심이 가득한 눈빛과 즐거운 마음으로 친구와 선생님을 만납니다. 첫 한 달이 지나면서 아이는 표정이 어두워지고, 학교에 가기 싫어합니다. 학습 준비물을 챙겨 오지 못하거나 과제 해결을 하지 못하는 경우가 반복됩니다. 아이는 선생님으로부터 주의를 듣기도 하고, 잘 해오라는 격려를 받기도 합니다. 하지만 스스로 하지 못하는 일이 많아질수록 야단과 꾸중을 듣거나 벌을 받기도 합니다. 시간이 지날수록 아이의 마음은 작아지고 행복한 마음은 멀어져만 갑니다. 조금씩 자신감을 잃고, 공부와 학교가 싫어집니다. 과연 무엇이, 누가 아이를 불행하게 만들어가는 것일까요?

부모는 아이의 추억이 됩니다. 지금 여러분이 유년 시절을 추억하면 어떤 부모가 곁에 있었는지요? 여러분처럼 내 아이도 마찬가지로 어른이 되었을 때 무엇을 어떻게 기억하고, 어떤 습관과 능력을 가꾸었을까요? 아이는 행복한 마음과 기억이 가득하기를 바랄 것입니다. 부모 또한 아이가 행복한 삶과 미래를 열어가기를 바랄 것입니다. 지금 내 아이와 부모에게 무엇이 필요할까요? 부모로서 어떤 마음과 자세가 필요할까요? 일상생활 속에서 구체적으로 어떤 노력을 실천해야 할까요?

부모와 만나는 생후 10년의 삶이 아이의 남은 인생에 커다란 영향을 미칩니다. 아이의 작은 습관 하나에서 성격에 이르기까지 부모가 아이의 삶에 미치는 중요성은 말로 다 설명할 수 없습니다. 하지만 많은 부모들이 그 소중한 시간을 흘려보냅니다. 내 아이가 더욱 행복한 삶을 살 수 있는 기회를 놓치고, 나중에는 결국 아쉬움과 후회의 마음을 갖습니다. 내 아이의 행복보다 중요한 것은 없습니다. 그 소중한 행복을 위한 시간의 의미와 가치의 중요성을 부모가 알고 소중함을 느껴야 합니다. 그리고 그 시간을 아름답게 가꾸어 나가야 합니다.

이 책은 1년 365일 동안 매일 볼 수 있도록 365개의 메시지로 구성되어 있습니다. 처음부터 끝까지 봐야 하는 책이 아닙니다. 가까운 곳에 두고 아이의 양육과 교육에 대해 고민할 때 펼쳐보면 도움이 되리라 생각합니다. 가령 아이와 트러블이 있거나 아이의 행동이 이해되지 않거나 학교 선생님의 상담이 필요할 때 읽어보면 작은 위안을 얻을 수 있으리라 믿습니다. 부모 누구나 쉽게 읽고, 스스로 생각과 마인드를 가꾸어 갈 수 있는 내용입니다. 하지만 그냥 한 번 읽고 넘어가는 게 아니라 가정 내에서 실천할 수 있도록 방법을 제시하였습니다. 저의 작은 글이 소중한 내 아이와 함께하는 시간을 만들어가는 데 도움이 되었으면 합니다.

또한 이 책은 아이의 성공과 행복한 미래를 위해 지금 어떤 삶을 함께 가꾸어야 할지를 그리고 있습니다. 내 아이와 매일 만나고, 20년 가까운 교직 생활로 아이들을 보고 느낀 것들을 모두 담았습니다. 아이를 알고, 양육과 교육에 대한 많은 것을 배우고 실천할 수 있는 좋은 기회가 되리라 믿습니다.

세상을 비추게 될 아이와 함께하는 것이 부모라면 숙명이자 운명입니다. 그 숙명과 운명이 해피 엔딩 또는 새드 인생에 가까울지 그것은 부모의 두 손에 달려 있습니다.

더 좋은 아빠로 살아가고 싶지만 그리 실천하지 못하는 아빠가 아닐까 스스로에게 묻습니다. 세상과 너무나 잘 어울려 예쁘게 나이 들어가시는 단 하나뿐인 나의 어머니께 이 책을 선물합니다.

그리고 사랑합니다.

겨울을 맞이하며
박용재 드림

# 1월
JANUARY

아이들은 칭찬에 춤추는 고래도,
당근에 흔들리는 당나귀도 아니다.
아이들이 원하는 것은
진정으로 존중받는 것,
부모의 조건 없는 관심과 믿음이다.
— EBS 제작팀, 《학교란 무엇인가》 중에서

1월의 탄생화

1일: 스노드롭(Snow Drop) - 희망
2일: 노랑수선화(Narcissus Jonquilla) - 사랑에 답하여
3일: 사프란(Spring - Crocus) - 후회 없는 청춘
4일: 히아신스(Hyacinth) - 차분한 사랑
5일: 노루귀(Hepatica) - 인내
6일: 흰제비꽃(Violet) - 순진무구한 사랑
7일: 튤립(Tulipa) - 실연
8일: 보랏빛제비꽃(Violet) - 사랑
9일: 노랑제비꽃(Violet) - 수줍은 사랑
10일: 회양목(Box-Tree) - 참고 견뎌냄
11일: 측백나무(Arbor-Vitae) - 견고한 우정
12일: 스위트알리숨(Sweet Alyssum) - 빼어난 미모
13일: 수선화(Narcissus) - 신비
14일: 시클라멘(Cyclamen) - 내성적 성격
15일: 가시(Thorn) - 엄격
16일: 노랑히아신스(Hyacinth) - 승부
17일: 수영(Rumex) - 친근한 정
18일: 어저귀(Indian Mallow) - 억측
19일: 소나무(Pine) - 불로장수
20일: 미나리아재비(Butter Cup) - 천진난만
21일: 담쟁이덩굴(Ivy) - 우정
22일: 이끼(Moss) - 모성애
23일: 부들(Bullrush) - 순종
24일: 가을에피는사프란(Saffron-Crocus) - 절도의 미
25일: 점나도나물(Cerastium) - 순진
26일: 미모사(Humble Plant) - 예민한 마음
27일: 마가목(Sorbus) - 게으름을 모르는 마음
28일: 검은포플라(Black Poplar) - 용기
29일: 이끼(Moss) - 모성애
30일: 매시마리골드(Mash Marigold) - 반드시 오고야 말 행복
31일: 노랑사프란(Spring-Crocus) - 청춘의 환희

부모가 제일 먼저 노력해야 할 일

부모가 아이를 위해
제일 먼저 노력해야 할 일은 무엇일까요?
아이가 어리거나 나이가 들었거나
그건 바로 아이의 마음을 가꾸는 일입니다.
흔히 정서(情緒)라고 표현합니다.
특히 어리면 어릴수록 정서적 교감이 중요합니다.
행복한 마음의 부모에게서
행복한 마음의 아이가 자랍니다.
사랑의 마음이 가득한 부모에게서
사랑의 마음이 가득한 아이가 자랍니다.
아이의 마음을 가꾸기 위해서는
먼저 안아주세요.
그리고 미소 지어주세요.
마지막으로 스스로 소중한 존재임을 느끼게 해주세요.
행복한 아이가 행복한 세상을 만들어갑니다.

내가 성공을 했다면 오직 천사와 같은 어머니 덕이다. — 링컨(Lincoln)

칭찬 큰 스푼 8, 꾸중 작은 스푼 2

아이를 위해 요리를 하세요.
칭찬은 큰 스푼으로 8,
꾸중이나 야단은 작은 스푼으로 2.
아이를 지지하고, 격려하고, 칭찬하는 데 아낌이 없어야 합니다.
좋은 요리는 좋은 재료를 선택하는 데서 시작합니다.
비난이나 꾸중, 야단을 맞은 아이는 향긋한 향이 나지 않습니다.
그런 아이는 자기 자신이 작아지고, 분노와 화가 치밀어 오릅니다.
내가 그런 재료를 골라서 제대로 된 요리가 나오지 않는 것입니다.
하수는 늘 연장을 탓하고, 재료를 탓합니다.
내 아이를 비난하는 것은 제 얼굴에 침 뱉기입니다.
내가 낳은 자식이고, 또 내가 기른 자식이기 때문입니다.
항상 기억하세요.
칭찬은 큰 스푼으로 8,
꾸중이나 야단은 작은 스푼으로 2.

인간은 칭찬을 갈망하면서 살고 있는 사람이다. ― 윌리엄 제임스(William James)

아이를 키우는 세 가지 말

아이를 키울 때
잊지 말아야 할 세 가지 말이 있습니다.

"누구나 실수할 수 있단다. 괜찮아."
아이는 다시 도전하려는 마음을 갖습니다.

"네 일을 스스로 해서 너무 고마워."
아이는 끝없는 성취감을 배웁니다.

"엄만 네가 잘할 수 있을 거라 믿어."
아이는 믿음과 신뢰를 얻습니다.

"괜찮아."
"고마워."
"믿어."

이 작은 세 마디로 아이는 부모에 대한 신뢰와
세상에 대한 믿음을 배웁니다.
이 말들을 꼭 기억하고 아이에게 매일 말해 주세요.

아무리 사소한 말도 가장 중요한 말을 하는 것처럼 하라.
— 발타자르 그라시안(Balthasar Gracian)

1과 10의 노력과 가치

한 살의 아이에게는 1의 노력이면
담을 수 있는 마음과 가치를
열 살의 아이에게 10의 노력으로도
담기가 어렵습니다.
비록 어리지만
아이에게 열 살이라는 나이는 생의 전부입니다.
아이가 성장한 나이만큼, 키만큼
더 바람직하고 긍정적인 변화를 이끌어내기가 무척 어렵습니다.
아이의 변화가 부모의 입장에서는 작은 일이지만
아이에게는 생의 전부를 바꾸는 엄청난 일이기 때문입니다.
가능하면 지금이라도 변화를 꿈꾸어야 합니다.
내 아이가 더 성장하기 전에
실천해야 합니다.

자식을 낳으면 철들 때까지 착하게 인도해야 한다. 이미 자란 다음에 바로잡으려 하면 매우 어려울 것이다. 교육은 빠를수록 좋다. — 이이(李珥)

부모 마음의 크기가 바로 아이 마음의 크기

아이와 다툼이 있으면
집이나 회사에서 일이 잘 되지 않습니다.
누구나 마음에는 일정한 크기가 있습니다.
걱정이나 고민이 차오르면 남은 공간이 작아집니다.
마음의 여유가 없어지면 작은 일에도 짜증과 화가 치밀어옵니다.
마음의 여유는 걱정이 차지하고 남은 공간입니다.
아이에게 자꾸 짜증이나 화를 내는 부모는
아이에 대한 걱정이 너무 많거나
스스로 마음의 여유가 작기 때문입니다.
그래서 야단치고 화를 내서 문제를 해결하려고 합니다.
아이 문제로 욕심을 부리지 마세요.
가끔은 그냥 두고 넘어가도 좋습니다.
그리고 자신의 마음을 들여다보세요.
내 마음이 지치지는 않았는지, 그리고 자신을 격려해주세요.
스스로에게 "많이 속상하지? 잘할 수 있을 거야!"라고 말하세요.
아이에게 "많이 속상하지? 그래 엄마도 같은 마음이야!"라고 말하세요.
부모 마음의 크기가 바로 아이 마음의 크기입니다.

우리 세대의 가장 위대한 발견은 마음가짐을 바꾸는 것으로 자신의 인생을 바꿀 수 있다는 것이다. — 제임스 윌리엄스(James Williams)

매일 아이에게 웃는 얼굴을 보여주세요

여섯 살 난 아이는 하루에 300번 웃고,
어른은 하루에 겨우 7번 웃는다고 합니다.
어른은 체면을 차리려고 하기 때문입니다.
아니 웃을 일이 없기 때문일지 모릅니다.
아이에게 자주 웃음을 보여주세요.
가식이 아닌 아주 사소한 것들에서도 웃음을 담아보세요.
그리고 그 안에 행복이 있음을 이야기하고,
행복의 마음을 담을 수 있도록 하세요.
내가 아이에게 보이는
내가 아이에게 전하는 웃음이
내 아이의 행복을 꿈꾸게 합니다.

웃을 수 있을 때 언제든 웃어라. 값싸지만 좋은 보약이다.— 바이런(Byron)

꼬마 철학자의 말에 귀 기울이세요

"왜 세상에는 남자와 여자만 있나요?"
"왜 남의 물건을 가져가는 게 나쁜 건가요?"
아이들의 호기심과 궁금증은 끝이 없습니다.
때로는 엉뚱하지만 때로는 기발합니다.
어른이 미처 생각하지 못한 생각이 담겨 있습니다.
마치 꼬마 철학자 같습니다.
아이의 말에 귀 기울여보세요.
"내 아이는 어떤 눈으로 무엇을 바라보고 있을까?"
"내 아이는 어떤 생각과 마음을 가지고 있을까?"
이야기를 듣다 보면 아이의 마음을 엿볼 수 있습니다.
아이의 생각을 알고 나면
아이의 사고를 키우고 넓히는 좋은 계기가 됩니다.
아이의 시선으로 세상을 본다는 것은
결국 부모가 아이의 세상으로 들어간다는 것입니다.

아이는 모두 태어나는 순간 레오나르도 다빈치가 일생에 걸쳐 사용한 것보다 높은 지능의 잠재력을 가지고 있다. — 글렌 도먼(Glenn Doman)

아이의 잠재된 창의력을 끌어내는 방법

아이가 2세 때 글을 읽고 4세 때 바흐를 연주하고,
6세 때 곱셈을 하고 8세 때에 외국어를 유창하게 말합니다.
이렇게 아이가 영재성을 보이면
부모는 로또에라도 당첨된 것처럼 좋아합니다.
하지만 영재성이 성인까지 이어지는 사례는 드뭅니다.
아이의 창의력과 영재성을 성인까지 이어가게 하려면
여러 방면의 학문을 접하고 통찰력을 갖도록 해야 합니다.
특히 예체능 교육을 게을리 하면 안 됩니다.
실제로 노벨상을 받은 과학자들을 조사해보니
보통 과학자들보다 12~22배나 더
각종 예체능 관련 취미를 즐긴다고 합니다.
아이의 창의력을 높이고 싶다면
예체능 교육을 소홀히 하지 마세요.
신체 놀이, 음악 놀이, 미술 놀이는
창의력을 기르는 데 큰 도움이 됩니다.
즐겁고도 자유로운 예체능 놀이를 통해
창의력을 유지할 수 있도록 도와주세요.

천재는 거대한 인내일 뿐이다. — 뷔퐁(Buffon)

듣기를 잘하는 아이가 사랑받는 이유

듣기를 잘하는 아이는
수업 시간에도 집중해서 선생님의 말을 잘 듣습니다.
중심 내용이 무엇인지
잘 파악하기 때문에 공부를 잘합니다.
듣기를 잘하는 아이는 상대방의 말을 경청하고
있는 그대로 잘 이해하므로 원만한 또래 관계를 형성합니다.
듣기를 잘하는 아이는
배려심이 많고 리더십이 뛰어난 경우가 많습니다.
자신의 말보다 주변 친구의 말에 귀를 기울이다 보면
배려심을 기르고 신뢰가 쌓입니다.
듣기를 잘하는 아이는
집중력이 높고 기억력이 좋습니다.
그래서 듣기를 잘하는 아이는 모두에게 사랑받습니다.

내가 아는 성공적인 사람들은 대부분 말하는 것보다 더 많이 듣는다.
— 버나드 바루크(Bernard Baruch)

최고의 공부법 두 가지

최고의 공부법은 두 가지로 설명할 수 있습니다.
첫째는 정보를 받아들이는 일입니다.
정보를 받아들일 때는 듣기와 읽기가 중요합니다.
선생님의 이야기에 의도적으로 주의를 집중하고
열심히 듣는 것이 중요합니다.
여러 감각으로 들어오는 정보는 대뇌피질의 여러 부위를 활성화합니다.
뇌는 한 가지 감각이 보고한 정보보다 여러 감각이 동시에 보고한
정보를 우선순위에 두고, 이를 더 잘 기억합니다.
그래서 정보를 받아들일 때는 듣기와 읽기가 중요합니다.
둘째는 정보를 기억에서 꺼내는 일입니다.
기억 꺼내기는 한번 배운 것을 다시 꺼내서
자신이 아는 것을 확인하고 모르는 것을 재학습하는 과정입니다.
기억에서 꺼낸 정보는 연결 짓기를 해야 합니다.
연결 짓기는 새로운 지식을 접했을 때
이전에 배웠던 지식들과 연계시켜서
장기 기억으로 저장하는 과정입니다.
독서를 많이 한 학생일수록 연결 고리가 많아서
새로운 지식을 장기 기억으로 저장하는 과정이 쉽고 빠릅니다.

독서할 때 당신은 항상 가장 좋은 친구와 함께 있다. — 시드니 스미스(Sydney Smith)

아이의 공부 습관을 만들어주는 체크 리스트

내 아이가 공부하는 습관을 확인하고 살펴보세요.
먼저 아이가 왜 계획대로 하지 않는지 파악해보세요.
학교나 학원을 다녀온 후 시간을 어떻게 활용하는지 살펴보세요.
아이의 계획에 문제는 없는지, 가정 환경이나 분위기가
공부에 부적절한 영향을 미치지는 않는지 점검하는 것이 중요합니다.
공부할 수 있는 환경과 조건을 만들어주는 것이 꼭 필요합니다.
다음으로 내 아이의 생활 습관을 잘 살펴보세요.
흔히 공부 습관이라고 하지만 폭넓게 본다면 생활 습관의 일부입니다.
공부 습관을 올바르게 들이려면
생활 습관이 잘 잡히도록 도와주는 것이 먼저입니다.
어떤 일을 하더라도 규칙적으로 하는 습관을 가지면
짧은 시간을 공부하더라도 더 높은 효과를 가져옵니다.
마지막으로 아이가 실천할 수 있는 계획을 함께 세우세요.
아이가 계획을 세운 후 부모가 개입해 수정하는 것보다는
계획을 세우기에 앞서 아이와 대화를 하며
부족한 부분이 무엇인지, 관심 분야는 어떤 것인지
스스로 알 수 있도록 돕고 적절한 학습 방법과
시간 안배를 할 수 있도록 이끌어주세요.

나는 다른 사람의 좋은 습관을 내 습관으로 만든다. ― 빌 게이츠(Bill Gates)

아이와의 시간을 최우선으로 여겨야 하는 이유

내 아이와 무엇을 함께해야 할까요?
그건 시간과 기회입니다.
아이와 함께 나눌 시간을 만드세요.
일주일 동안 아이와 함께할 시간을 약속하고
무엇보다 최우선으로 여기세요.
아이와 함께 나눌 기회를 만드세요.
아이가 좋아하는 놀이든, 운동이든, 책 읽기든
무엇이든 상관없습니다.
아이가 자란 후에 부모가 아이와 함께할 시간을 만들어도
아이에게 그럴 여유도, 관심도 없습니다.
서로 어색함에 불편한 관계가 되기도 합니다.
아이와 부모 관계가 내 몸에 맞지 않는 옷처럼 느껴집니다.
시간은 좋은 부모가 되는 것을 기다려주지 않습니다.

시간은 인간이 쓸 수 있는 가장 값진 것이다. — 테오프라스토스(Theophrastos)

마음 이론과 거울 뉴런

아이는 어른과 비슷한 수의 신경세포를 가지고 있습니다.
하지만 신경세포들 간의 연결성은 완성되지 않은 상태입니다.
생후 10년까지 뇌는 자신이 경험한 주변 환경에 최적화됩니다.
아이의 뇌는 세상 모든 사건을 자기중심적으로 보고 판단합니다.
즉 선천적으로 타인의 관점을 이해하지 못합니다.
타인의 관점을 상상하고 이해할 수 있는 인지적 능력을
'마음 이론(theory of mind)'이라고 합니다.
타인의 행동을 관찰할 때 활성화하는 신경세포가
결정적 역할을 한다는 이론입니다.
마음도 마찬가지로 부모를 비롯한
타인의 말이나 행동을 유심히 관찰할 때
아이의 뇌 안에서 거울 뉴런(mirror neurons)이 열심히 반응합니다.
아이에게 어떻게 공감하고, 반응하며,
어떻게 마음을 표현하느냐가 매우 중요합니다.

얼마나 많이 주느냐보다 얼마나 많이 담느냐가 중요하다.
— 마더 테레사(Mother Theresa)

18분의 1의 확률

아이는 어른들로부터 한 번의 허락을 받아내기 위해
열일곱 번의 금지를 당한다고 합니다.
아이는 자신이 하고 싶은 일의 18분의 1밖에
하지 못한 채 성인이 된다는 뜻이기도 합니다.
부모와 아이의 눈높이는 너무나 다릅니다.
호기심이 왕성한 아이는
무엇이든 만지려 하고 꺼내보려 합니다.
위험하거나 피해를 주는 것도 아닌데
어른들은 '안 돼'라고 말합니다.
금지나 부정이 아닌 긍정이나 지지의 표현을 들려주세요.
세상은 아이의 눈에 하고 싶은, 할 수 있는 일들로 가득합니다

우리의 마음은 밭이다. 어떤 씨앗에 물을 주어 꽃을 피울지는 자신의 의지에 달렸다.
— 틱낫한(釋一行)

부모는 아이가 성공하길 바랍니다

모든 부모는 아이가 성공하길 바랍니다.
어떤 부모는 건강하길 바라며
어떤 부모는 공부 잘하길 바라며
어떤 부모는 좋은 직장을 얻길 바랍니다.
하지만 현실 속에서 모든 일에 성공할 수는 없습니다.
살다 보면 누구나 실패하고 또 좌절합니다.
그러한 실패를 두려워하지 않아도 됩니다.
누구나 그런 실패를 할 수 있기 때문입니다.
모든 일에 성공적일 수 없음을 인정하고
진정으로 아이가 꿈꾸는 성공이 무엇인지,
꿈꾸는 행복이 무엇인지 들여다보아야 합니다.

가장 잠재력 있는 뮤즈는 우리 안에 있는 어린아이다.
— 스티븐 나흐마노비치(Stephen Nachmanovitch)

아이를 키운다는 건 실수의 연속입니다

아이를 키우다 보면 예기치 않는 일에 부딪힙니다.
그때 가장 먼저 주변에 조언을 구하세요.
관련 정보를 찾거나 서적을 살펴보세요.
부모라면 누구나 거치는 당연한 일입니다.
아이가 부족하고 미숙한 것처럼
내가 부모로서 아직 부족하고 미숙한 것은 자연스러운 일입니다.
아이를 키운다는 것은 실수의 연속입니다.
하지만 누가 해줄 수 있는 일이 아니고,
또 할 수도 없습니다.
인생이란 무대 위의 주인공은 나와 아이입니다.
많이 넘어지고 다치면서 그 무대를 완성해가야 합니다.
실수를 두려워하지 마세요.
이 세상에 실수 없이 아이를 키우는 부모는
단 한 사람도 없으니까요.

실수를 안 해본 사람은 일이 잘못됐을 때 이를 발견하고 신속히 수정하는 방법을 모른다. — 피터 드러커(Peter Drucker)

세상에서 가장 아름다운 이름

아이가 있는 부모는
자신의 삶보다 부모의 삶이 먼저입니다.
왜 그럴까요?
그건 아이의 보호자이기 때문입니다.
나로 인해 세상에 태어나
나를 보며 아이의 삶을 가꾸나가야 하기 때문입니다.
만약 부모의 따뜻한 보살핌과 사랑이 없다면
인류는 존재할 수 없습니다.
나 이전에 아이를 위해 헌신하고 희생하는
세상에서 가장 아름다운 이름,
그건 바로 '부모'입니다.

부모는 먹지 않고 자식에게 주며, 자식은 먹고 남아야 부모에게 준다. — 속담

세상에는 세 종류의 부모가 있습니다

우리 곁을 둘러보면 수많은 부모가 있습니다.
현재의 삶에 충실하며 아이를 키우는 부모.
아이와 함께 끊임없이 행복을 가꾸어가는 부모.
아이의 마음과 지식을 키워주지 못하는 부모.

좋은 부모가 되기 위해 노력해야 합니다.
내가 너를 낳아주었으니 알아서 커가기를 바라는 부모.
내가 더 많은 지혜와 지식을 지녔으니
무조건 따라야 한다고 생각하는 부모.
그건 아집이며 고집이자 편견입니다.
좋은 부모는 마음만으로 쉽게 얻어지는 것이 아닙니다.
아이와 함께 성장하기 위해 부단히 노력해야 합니다.
아이가 어떻게 성장하는지 알아야 합니다.
어떻게 교육시킬지 고민하고,
끊임없이 배움을 찾아야 합니다.

어른 말을 잘 듣는 아이는 없다. 하지만 어른이 하는 대로 따라 하지 않는 아이도 없다. — 제임스 볼드윈(James Baldwin)

JAN 19

 말로 입은 상처가 아이를 병들게 합니다

한 아이가 있습니다.
"야, 하려면 똑바로 해야지, 이게 뭐니? 저리가."
아빠의 한마디에 아이는 할 말을 잃어버립니다.
아이는 마음속으로 화가 치밀어 오릅니다.
겉으로는 아무렇지 않은 표정을 짓고 있지만
어딘가 모르게 얼굴이 조금 이그러지고
마음속으로는 눈물이 가득합니다.
아이는 마음속으로 생각합니다.
"지금 일을 결코 잊지 않을거야."
그리고 다짐합니다.
"나중에 크면 꼭 갚아줄거야."
아빠의 말한 마디에 때문에 아이는 그늘을 만듭니다.
그 그늘 속에서 아빠를 미워하고 증오합니다.
어쩌다 문득 아빠를 떠올리면 그때 일이 자꾸 생각납니다.
말로 입은 상처는 아이를 병들게 합니다.

말로 입을 상처는 칼에 맞아 입은 상처보다 더 아프다. — 모로코 속담

아이에게 당신은 어떤 부모입니까?

외국의 한 잡지에서 재미있는 기사를 봤습니다.
동물에 비유해 부모의 양육 방법을 알아보는 것입니다.
여러분은 어떤 부모 유형에 속하는지 알아보세요.

훈육 기준 없이 자유방임으로 아이를 키우는 해파리형.
자녀의 문제와 약점을 무조건 덮고 외면하는 타조형.
아이를 호되게 가르치고 주입하고 간섭하는 호랑이형.
창의성과 자유로움에 더 큰 가치를 주는 돌고래형.

저는 여기에 한 가지를 더 추가하고 싶어요.

자녀가 힘들어하는 것이 무엇인지 잘 감지하고
바른 길로 이끌어주는 안내견형.

여러분은 어느 유형에 속하세요?

아이가 자기 집을 따뜻한 곳으로 알지 못한다면 그것은 부모의 잘못이며, 부모로서 부족함이 있다는 증거이다. — 워싱턴 어빙(Washington Irving)

아이 앞에서 규칙을 어겼을 때의 대처 방법

이 세상에는 규칙과 질서가 존재합니다.
하지만 본의 아니게 아이 앞에서 이를 어길 때가 있습니다.
만약 어쩔 수 없이 규칙과 질서를 지킬 수 없는 상황이라면
아이가 받아들일 수 있도록 친절히 설명해 주세요.
무엇 때문에 규칙과 질서를 지키지 못했는지 설명하고
부모의 행동이 잘못되었음을 반드시 알려주세요.
그러면 아이는 부모의 잘못된 행동을 받아들이고,
규칙과 질서가 중요하다는 것을 마음속에 간직할 것입니다.

교육은 양날의 칼과 같다. 제대로 다루지 못하면 위험한 용도로 쓰일 수 있다.
— 우팅팡(伍廷芳)

내 아이에게 맞는 양육법 선택하기

세상 모든 지식은 거의 공개되어 있습니다.
내가 모르고 있는 것들도
조금의 시간과 작은 노력만 기울이면
불과 몇 초 또는 몇 분이면 대개 알아낼 수 있습니다.
양육법도 마찬가지입니다.
수많은 사람의 수많은 양육법이 도처에 널려 있습니다.
어느 것이 좋고 나쁜지 구분하기도 어려운 실정입니다.
수많은 양육 지식을 얻는 것보다
내게 맞는 몇 가지를 꾸준히 실천하는 게 더 중요합니다.
나와 내 아이가 처해 있는 상황을 먼저 고려하세요.
그리고 내 아이에게 맞는 양육법을 선택해야 합니다.
넓고 얇은 지식과 정보도 중요하지만
때론 깊고 두터운 지혜와 실천이 더 중요합니다.

교육은 그대의 머릿속에 씨앗을 심어주는 것이 아니라, 그대의 씨앗들이 자라나게 해주는 것이다. — 칼릴 지브란(Kahlil Gibran)

부모가 먼저 공부해야 합니다

요즘은 많은 부모가 지식과 정보를 찾기 위해 노력합니다.
하지만 훨씬 더 많은 부모가 그렇지 못합니다.
조금만 눈을 돌려보면, 귀를 기울이면
정답은 아닐지언정 정답 같은 것들이 눈에 보이기 시작합니다.
하지만 누구에게나 적용할 수 있는
절대적인 지식과 정보는 없습니다.
그렇다고 경험에서 우러난, 연구를 통해 밝혀진
지식과 정보가 육아에서 필요 없는 것은 아닙니다.
내 아이를 위해 지식과 정보가 필요 없다고 여기는 부모는
양육과 교육의 좋은 기회를 놓치게 됩니다.
내 아이가 지식과 배움의 길을 가는 것을 희망하듯이
부모 또한 배움의 길로 들어서야 합니다.

전력을 다하여 자신에게 충실하고 올바른 길로 나아가라. 나를 변화시킬 수 있는 건 오로지 나뿐이다. — 아우렐리우스(Aurelius)

가르치는 것이 아니라 실천하는 것

아이는 부모를 보고 자랍니다.
가능하면 아이를 데리고 할아버지 할머니 댁에 자주 가세요.
함께 놀고 함께 밥 먹고 함께 여행 가는 시간을 가지세요.
효는 가르치는 게 아니라 실천하는 것입니다.
다만 '효'뿐일까요?
아이에게 전하고픈 가치와 태도는
가르치는 것이 아니라 먼저 실천하는 것이 중요합니다.

부모의 나이는 반드시 기억하고 있어야 한다. 한편으로는 오래 사신 것을 기뻐하고
또 한편으로는 나이 많은 것을 걱정해야 한다. — 공자(孔子)

아이 교육이 어렵고 힘든 두 가지 이유

세상 모든 아이의 걱정이자 부모의 스트레스는
바로 교육입니다.
교육이 어렵고 힘든 이유는 크게 두 가지 이유 때문입니다.
하나는 효율성 측면입니다.
아이를 위해 책을 구입하거나 다양한 교육 프로그램 등을 제공하지만
그 효과를 기대하기 위해서는 상당히 많은 시간이 필요합니다.
대개 초등학교 중학년 이상이 되어야 객관적으로 확인이 가능합니다.
또 다른 하나는 교육에는 왕도가 없다는 것입니다.
아이와 부모, 가정 환경, 경제 수준, 직업 특성 등에 따라
교육의 방법과 수준을 다르게 제공해야 하는 이유입니다.
따라서 내 아이한테 맞는 길을 아이와 함께 찾아야 합니다.
그렇다고 교육을 포기하거나 외부에만 맡길 수는 없습니다.
교육 내용과 방법을 스스로에게 묻고
지치지 않고 묵묵히 그 길을 가는 부모만이
성공에 이를 수 있습니다.

어떠한 역경 속에도 최고의 기회, 최고의 지혜가 숨겨져 있다. 실패는 없다. 다만 미래로 이어지는 결과일 뿐이다. ─ 앤터니 로빈스(Anthony Robbins)

아이 앞에서 자신의 말과 행동을 들여다보세요

어느 날 식사 자리에서 음식을 늦게 먹는 아이를 향해
"아빠 신경 쓰지 말고 너나 잘해!"라고 한 적이 있습니다.
아이가 말합니다.
"그런데 아빠는 왜 나한테 '너'라고 이야기를 해?"
또 다른 어느 날 아이와 장난을 치다가
"그거 내 거야, 내놔, 내놔!"라고 한 적이 있습니다.
아이가 말합니다.
"아빠 것도 내놔, 내놔!"
그날 이후 아이에게 말할 때는
'너', '내놔' 대신에
'교은이는', '주세요', 또는 '줘'라고 말합니다.
아이와 생활하다 보면 누구나 한 번쯤 이런 일을 겪습니다.
이렇게 스펀지처럼 모든 것을 흡수하고 모방하는 아이 앞에서는
말과 행동을 조심해야 합니다.

꿈은 변화의 씨앗이다. 씨앗 없이 자랄 순 없으며, 꿈 없이 변할 순 없다.
— 데비 분(Debby Boone)

가족이란 이름 아래 있는 것들

가족이라는 관계로 살아가다 보면
수많은 가치와 현실이 부딪히게 마련입니다.
세상이 변하고, 시간이 흐른다 해도
변하지 않는 가치는 존재합니다.
가족이라는 이름 안에 내가 있고,
다른 하나의 인격체인 아이가 있습니다.
서로 다른 존재로, 서로 다른 인격체로 만날 때
바람직한 아이-부모 관계가 형성됩니다.

만일 내가 다시 아이를 키운다면 먼저 아이의 자존심을 세워주고 집은 나중에 세우리라. 만일 내가 다시 아이를 키운다면 더 많이 아는 데 관심 갖지 않고 더 많이 관심 갖는 법을 배우리라. — 다이애나 루먼스(Diana Loomans)

아이의 몸과 마음을 망치는 말

"내가 널 위해 얼마나 고생하고 헌신했는데 네가 이럴 수 있어?"
"너를 위해 엄마 아빠는 엄청 힘들게 일하고 있어."
"다 너 공부 잘하라고 하는 말이야!"
"돈 들여서 학원 보내놨더니 이게 성적이야?"
"그거 하나 제대로 못하니 커서 사람 구실이나 하겠어?"
"너 같은 애를 낳고 미역국 먹은 내가 잘못이지."
"그따위로 공부하려면 당장 때려치워!"

가혹하고 부정적인 뜻이 함축된 들을 피하라.
— 데이비드 리버먼(David Lieberman)

서로 상처를 주고 서로 보듬으며

부모와 아이는 서로 상처를 주고
서로 보듬으며, 함께 성장해나가는 존재입니다.
우리 모두가 짊어진 운명은
한 편의 끝없는 성장 과정일지 모릅니다.
가족이기 때문에 서로에게 수많은 상처를 남기고
또 가장 깊은 상처를 입습니다.
하지만 가족이기에
그 상처를 세심히 치료해주고 안아주는 존재입니다.
내가 부모로서 부족하고 취약한 존재인 것처럼
내 아이도 약하고 실수하는 어린 존재입니다.
부모와 아이가 이러한 서로의 모습을 인정하며
조금씩 성장해나가는 것이
우리들의 아름다운 모습입니다.

가정은 누구나 '있는 그대로'의 자기를 표현할 수 있는 유일한 장소이다.
— 앙드레 모루아(Andre Maurois)

부모의 삶 vs. 나 자신의 삶

부모와 나 자신의 삶 속에서
과연 어떻게 하는 것이 조화로운 삶일까요?
어느 것 하나 포기할 수 없기에
이를 조화롭게 살아가는 사람이
더 축복된 삶을 살아갑니다.
아이가 어리면 어릴수록
부모의 삶을 살아가야 합니다.
아이가 점차 성장함에 따라
부모의 삶에서 나 자신의 삶으로 중심이 옮겨갈 때
더 아름다운 삶이 우리를 기다리고 있지 않을까요?
최소한 초등 시기까지는 부모로서 삶에
최선의 노력을 기울여야 합니다.

자식 키우기란 자녀에게 삶의 기술을 가르치는 것이다.
— 일레인 헤프너(Elain Heffner)

아이 나무와 부모 나무

나무가 자라는 것처럼
부모가 너무 큰 그늘을 만들어주면
아이는 잘 자라지 못합니다.
아이가 성장할수록
부모의 그늘을 조금씩 작게 해
아이 스스로 조금씩 더 많은 햇볕을 받고,
더 많은 물을 흡수하고,
더 많은 영양분을 받을 때
아이는 자신의 능력과 에너지를 발산하며
더 큰 존재로 성장할 수 있습니다.
아이의 성장은 무시한 채
오직 부모의 큰 그늘만을 고집하면
아이는 건강하고 지혜롭게 성장하지 못합니다.

자식은 우리에게 얻어간 만큼 베푼다. 이 과정에서 우리는 더 깊게 느끼고, 질문하고, 상처 받으며, 사랑하는 사람이 된다. —소니아 테이(Sonia Taitz)

# 2월
FEBRUARY

성공적인 자녀 양육법의 열쇠는
아이에 대한 깊은 사랑과 애정을 바탕으로 한
공감과 이해를 통해서만 얻을 수 있다.
훌륭한 양육법은 부모의 마음에서부터 시작된다.
— 존 가트맨, 《내 아이를 위한 사랑의 기술》 중에서

2월의 탄생화

1일: 앵초(Primrose) - 젊은 시절과 고뇌
2일: 모과(Chaendmeles) - 평범
3일: 황새냉이(Cardamine) - 그대에게 바친다
4일: 빨강앵초(Primrose) - 돌보지 않는 아름다움
5일: 양치(Fern) - 사랑스러움
6일: 바위솔(Horse-Leek) - 가사에 근면함
7일: 물망초(Forget-me-not) - 날 잊지 말아요
8일: 범의귀(Saxifrage) - 절실한 애정
9일: 은매화(Myrtle) - 사랑의 속삭임
10일: 서향(Winter Daphne) - 영광
11일: 멜리사(Balm) - 동정
12일: 쥐꼬리망초(Justicia Procumbes) - 가련미의 극치
13일: 갈풀(Canary Grass) - 끈기
14일: 캐모마일(Chamomile) - 역경에 굴하지 않는 강인함
15일: 삼나무(Cedar) - 그대를 위해 살다
16일: 월계수(Victor's Laurel) - 명예
17일: 야생화(Wild Flower) - 친숙한 자연
18일: 미나리아재비(Butter Cup) - 천진난만
19일: 떡갈나무(Oak) - 붙임성이 좋음
20일: 칼미아(Kalmia) - 커다란 희망
21일: 네모필라(California Blue-bell) - 애국심
22일: 무궁화(Rose of Sharon) - 미묘한 아름다움
23일: 살구꽃(Prunus) - 아가씨의 수줍음
24일: 빙카(Periwinkle) - 즐거운 추억
25일: 사향장미(Musk Rose) - 변덕스러운 사랑
26일: 아도니스(Adonis) - 추억
27일: 아라비아의별(Star of Arabia) - 순수
28일: 보리(Straw) - 일치단결
29일: 아르메리아(Armeria) - 배려

부모에게는 두 갈래의 길이 있습니다

아이와 부모 앞에는 세 가지 길이 펼쳐집니다.
아이 스스로 걸어가야 할 '아이의 길'.
부모이기에 운명이자 숙명인 '부모의 길'.
나란 존재로 걸어가야 할 '나의 길'.
세상 모든 부모는 두 개의 길을 함께 걸어갑니다.
부모이기에 걸어가야 할 두 갈래 길입니다.
어떤 부모는 그 길을 '고난의 길'이라고 여기고
어떤 부모는 그 길을 '축복의 길'이라 여깁니다.
지금 당신은 어떤 길을 걷고 있나요?
내가 가고 있는 부모의 길을 축복으로 여긴다면
아이 또한 축복을 기다리고 있을 것입니다.

우리가 아이들에게 삶에 대한 모든 것을 가르치려 하는 동안, 아이들은 우리에게 삶이 무엇인지 가르쳐준다. ― 스웨티 세스(Swati Seth)

스스로 정리하는 습관을 만들어주세요

아이가 어질러놓은 방을 보고 있노라면
한숨이 저절로 나옵니다.
정리하고 얼마 지나지 않아 뒤돌아보니
다시 전쟁터를 방불케 합니다.
나도 모르게 아이를 향해 한마디 툭 던집니다.
"너 빨리 네 장난감 정리해."
아이의 표정이 굳어집니다.
장난감 정리를 안 하겠다는 것인지,
더 놀고 싶다는 것인지 통 감이 오질 않습니다.
"10분 안에 다 정리해라. 안 그러면 화낼 거야."
아이는 눈치만 살핍니다.
부모의 눈으로 보면 아이는 야단의 대상일 때가 많습니다.
대개 아이는 어떻게 정리하고,
어디에 정리해야 하는지 잘 모를 때가 많습니다.
어떻게 정리하고, 어디에 정리하는지
여러 번, 수십 번, 수백 번 함께해주세요.
이렇게 함께하는 모습 속에서 아이는 정리하는 습관을 키워갑니다.

어려서 형성된 습관은 천성과 같다. 습관에 따라 형성된 것은 자연스럽게 배어나온다. ─ 공자(孔子)

마태 효과를 기억하세요

부자는 더욱 부자가 되고
가난한 자는 더욱 가난해지는 부익부 빈익부 현상.
이를 마태효과(Matthew effect)라고 합니다.
누적이득(accumulated advantage)이라고도 하지요.
아이의 교육도 이와 같습니다.
능숙하게 책을 읽는 아이와 그렇지 않은 아이는
학년이 올라갈수록 기하급수적으로 격차가 커집니다.
하루에 1권 읽는 아이와 10권 읽는 아이는
지식과 언어 능력, 어휘력 등에서
막대한 차이를 가져옵니다.
또한 이전의 읽기 능력과 지식과 지적 수준이
이후에 접할 읽기를 통해 그 격차를 더 크게 합니다.
즉 시간이 지나면 지날수록 아이의 지적 수준은
되돌리기 어려운 현실이 되어갑니다.

어려서는 배와 밤 따위를 좋아하지만 커서는 모름지기 다섯 수레의 책을 읽어야 한다. — 왕안석(王安石)

아이의 남은 인생을 결정하는 시기

위대한 삶을 살았던 사람들 곁에는
늘 좋은 부모가 함께했습니다.
반대로 불행한 삶을 살았던 사람들 곁에는
바람직한 부모, 좋은 부모가 곁에 없었습니다.
내가 아이와 함께하는 생후 10년의 삶이
아이의 남은 인생에 결정적인 역할을 합니다.
내 아이에게 다가올 80년,
아니, 90년의 삶이 좀 더 행복해질 수 있다면
바람직한, 좋은 부모 역할을 해볼 만한 가치는 충분하지 않을까요?
최고는 아닐지언정 최선의 노력으로요.

아기도 뇌를 가지고 있지만 아는 건 없어. 경험만이 앎을 가져다주지. 세상을 살면서
많은 경험을 할수록 지혜를 얻게 되는 거야. — 영화 〈오즈의 마법사〉 중에서

누군가의 부모로 산다는 것

누군가의 부모가 된다는 것,
누군가의 자식으로 산다는 것은
많이 지치고 힘들겠지만,
그만큼 아름다운 기적이 될 수도 있습니다.
자신과 다른 존재를
있는 그대로 감싸 안을 수만 있다면,
힘껏 사랑할 수 있다면,
작지만 수많은 기적을 만들어갈 수 있습니다.
누군가의 부모가 된다는 것이 행복이라면
누군가의 자식으로 산다는 것은 더 행복한 일입니다.
지금 당신의 아이는 더 행복한 삶을 살아가고 있나요?

우리 아이들에게 줄 수 있는 가장 큰 선물은 우리가 가진 귀중한 것을 아이들과 함께 나누는 것뿐만 아니라, 자기들이 얼마나 값진 것을 가지고 있는지 스스로 알게 해주는 것이다. ─ 스와힐리 격언

서로에게 소중한 존재들

세상 모든 아이는 소중합니다.
생각해보세요.
아이가 세상의 빛을 보았을 때의 기적을.
아이가 지금의 모습을 하고 있을 때까지의 소중한 기억을.
아무리 어려운 상황 속에서도
이겨내지 못할 것 같은 절망 속에서도
아이가 옆에 있기에
부모라는 이름으로 살아갑니다.
지금 나에게 내 아이가 소중한 것처럼
곁에 있는 내 아이에게도 나는 소중한 존재입니다.
오직 세상에 하나뿐인 특별함을 기억하세요.

사람이 온다는 건 실은 어마어마한 일이다. 한 사람의 일생이 오기 때문이다.
— 정현종

FEB
7

 조금은 특별한 경험과 기회를 제공하세요

세상의 많은 육아서가 이야기합니다.
천천히 가라고, 아이들은 스스로 잘 자란다고,
아이에 대해 생각할 수 있는 여유를 가지라고.
위의 말들은 환경과 조건이 잘 갖추어진
조금은 특별한 가정이나 환경에서 통하는 이야기이지 않을까요?
보통의 가정과 환경에서 자란 아이들에게는
보통의 육아로는 성공적인 삶을 이끌어내기 어렵습니다.
양육과 교육의 출발선 자체가 다르기 때문이기도 합니다.
소중한 내 아이를 위한
조금은 특별한 경험과 기회를 제공하고
조금은 특별한 잠재 능력을 이끌어내야
성공적인 삶에 더욱 가까워져집니다.

오늘의 특별한 순간들은 내일의 추억들이다. — 무명

내 아이만 특별하다고 가르치지 마세요

부모의 어린 시절이나 지금의 우리 아이들이나
소중하기는 매한가지입니다.
하지만 변한 것이 있습니다.
바로 나만이 중요하다는 이기적인 마음입니다.
누가 이렇게 만들었을까요?
우리 사회, 우리 어른들입니다.
내 아이를 특별하게 여기는 것은 꼭 필요합니다.
하지만 다른 사람과의 관계 속에서
내 아이만을 특별하게 생각하는 것은 바람직하지 않습니다.
아이 주변에 있는 다른 모든 사람도
소중하다고 말해주세요.

누군가와 서로 공감할 때 사람과 사람과의 관계는 보다 깊어질 수 있다.
— 오쇼 라즈니시(Osho Rajneesh)

자기중심적인 아이로 키우지 않으려면

정신분석학에서는 유년기의 애정 결핍이
성인기에 보상을 받으려는 욕구로 나타나
자아도취적 성격을 갖는다고 합니다.
최근 미국 오하이오 주립대학 연구팀의
심리학 연구는 정반대의 결과를 얻었습니다.
자아도취적 성격은 애정 결핍이 아닌
"우리 아이는 특별하다"는 과대평가에서
비롯되었다는 것입니다.
아이에 대한 인정은 자존감을 높이지만
과대평가는 아이의 자기중심적 사고를 키웁니다.
나는 아이를 있는 그대로 인정하고 있는지
아니면 과대평가 하고 있는지 살펴보세요.

열린 마음은 사람에게 가장 귀중한 재산이다. — 마틴 부버(Martin Buber)

아이는 부모의 수준을 넘어설 수 없습니다

최고의 스승은 부모입니다.
아이는 가정에서 정서를 함양하고 관계의 기초를 쌓아
학교에서 재능과 빛을 발휘합니다.
교육의 수준은 교사의 수준을 넘어설 수 없고,
아이의 수준은 부모의 수준을 넘어설 수 없습니다.

어린이가 이상하게 행동하더라도 곧바로 지적하거나 타인이 있는 데서 책망하지 마라. — 루소(Rousseau)

FEB
11

 엄마 아빠가 서로 협력해야 합니다

이 세상에 존재하는 아이가 모두 다르듯
이 세상에 똑같은 부모란 없습니다.
부모라는 말 속에는 하나가 아닌
두 개의 양육 방식을 포함하고 있습니다.
엄마와 아빠의 양육 방식에서
우선순위의 가치가 다른 것은 당연합니다.
때로는 이러한 차이가 엄청난 갈등을 일으키기도 합니다.
아빠나 엄마 중 한 사람이 양육에 참여하기 어렵거나
주도권을 넘겨주면 이런 갈등은 덜 생길 것입니다.
하지만 더 바람직하고 좋은 양육을 하려면
두 사람이 협력하고 도와야 합니다.

자녀에게 완전한 교육을 실시하는 것은 최상의 유산이다.
— 월터 스코트(Walter Scott)

소중한 것들을 나누는 부모의 길

1학년 담임이 되면 학부모 총회에서 꼭 하는 말이 있습니다.
아이의 초등학교 입학은
내 품에서 잘 떠나보내는 것이라고요.
초등학교에 입학한 아이는 더 이상 품 안의 자식이 아닙니다.
품 안의 자식은 이제 더 이상 허용되지 않습니다.
아이에게 친구가, 공부가, 학원이 전부인 시기가 곧 다가옵니다.
부모와 자식이 함께하며 서로 공감하고
정을 나눌 수 있는 시기도 얼마 남지 않았습니다.
그러기에 더욱 함께하는 시간의 소중함을 기억하세요.
소중한 것들을 함께 나누는 부모의 길을 가세요.

소중한 순간이 오면 따지지 말고 누릴 것. 우리에게 내일이 있으리란 보장은 없으니까. ― 요나스 요나손(Jonas Jonasson)

끝없는 믿음과 지지가 필요한 시기

유아 시기까지는 부모의 길이 먼저입니다.
초기 양육과 교육의 중요성은 말로 다 전할 수 없습니다.
조건 없는 무조건적 사랑을 전해주세요.
초등 시기에는 아이 스스로의 길을 가야 합니다.
바람직한 행동과 습관, 학습 태도와 방법을 내면화하고
아이의 것으로 만들어야 합니다.
공부나 생활 모든 면에서 말로 아이를
변화시키는 것은 한계가 분명합니다.
끝없는 믿음과 지지가 필요합니다.
초등 시기 이후에는 부모 자신의 길을 가야 합니다.
나 자신의 자아실현을 위한 길이어야 합니다.
아이의 행복만큼 나 자신의 행복도 소중하기 때문입니다.
성공적인 삶은 어느 하나를 포기하고 어느 하나를 얻는
선택의 문제가 아닙니다.
누가 더 지혜롭게 길을 걷느냐가 중요합니다.

지배적인 생각이나 마음가짐은 자석처럼 비슷한 것을 끌어당기는 법이므로, 마음가짐이 어떠하든 그에 어울리는 조건이 삶에 나타날 수밖에 없다.
— 찰스 해낼(Charles Haanel)

부모와 함께 세상을 배워가는 아이

아이가 말을 배우면 이것저것 묻는 게 많아집니다.
아이는 물음을 통해 세상을 배워갑니다.
아이의 물음에 답을 못해줄지라도
최소한 귀를 기울여주세요.
그다음 아이 스스로 답을 찾도록 도와주세요.
"글쎄 어떻게 하면 좋을까?"
아이가 스스로 답을 찾지 못하면 도와주세요.
"우리 백과사전을 찾아볼까?"
"인터넷 검색을 해볼까?"
이렇게 부모와 함께 세상을 배워나가는 아이는
세상에 대한 궁금증을 어떻게 해결해야 하는지 스스로 배웁니다.
그리고 자신의 세계를 넓혀갑니다.

아이는 무엇에 대해 끊임없이 배우고 싶어 하며 바로 지금 배우고 싶다고 생각한다.
— 글렌 도먼(Glenn Doman)

가르친다는 것 그리고 훈육

가르친다는 것과 훈육은 서로 다릅니다.
무엇보다 아이 스스로 모르는 것을 알아가도록
배려하고 존중하는 것은 중요합니다.
하지만 한 번 정한 규칙을 지키는 것도 매우 중요합니다.
훈육은 어떤 상황에서나 반드시 지켜야 하는 규칙과 약속입니다.
스스로 공부하는 시간, 책을 읽는 시간, 예절을 지키는 일 등
훈육은 반드시 지켜져야 합니다.
올바른 일, 꼭 해야 할 일, 해서는 안 되는 일 등은
단호하게 훈육하세요.
물론 훈육도 아이에게 충분히 설명하고
함께 만들어가야 합니다.

모든 문제는 자식 탓이 아니라 내 탓이다. 이 이치를 이해할 때 비로소 자식 문제를 해결하고 진정한 엄마 노릇을 할 수 있습니다. ─ 법륜 스님

부모를 보면 아이의 수준이 보입니다

얼마 전, 바쁘게 학교에 도착해
아이들이 기다리는 교실로 들어서려는 순간,
저 멀리 한 아이의 어머니가 보였습니다.
연락도 없이 이른 아침 복도에 서 있는 학부모의
얼굴 표정을 보니 무슨 문제가 있는 듯했습니다.
이야기인즉, 아이가 학교 가길 싫어한다는 내용입니다.
글씨를 너무 바르게 쓰지 않아
매주 수요일 국어책의 내용을 한 페이지 써오게 했는데
아이가 그걸 싫어한다는 내용입니다.
결국은 글씨 쓰기를 시키지 않기로 했습니다.
그 어머니의 아이는 무엇을 배우고,
어떤 마음을 담고 있을까요?
가정에서 아이에 대한 지도나 교육이 부족함을 알고,
함께 노력해주는 것이 부모의 자세이지 않을까요?
부모를 보면 아이의 수준을 알 수 있습니다.

부모는 제1의 인간을 만들고, 교육은 제2의 인간을 만든다.
— 페스탈로치(Pestalozzi)

실천하는 모습이야말로 최고의 교육

아이의 마음에 꼭 담고 싶은 것들이 있습니다.
배려, 존중, 협력, 나눔, 정직, 예절, 효 등
많은 것이 있습니다.
삶의 가치와 덕목을 어떻게 담아야 할까요?
방법을 안내해주거나 무엇인지 이해시키는 것보다
가장 좋은 방법은 부모가 그렇게 살아가면 됩니다.
하지만 여간 어려운 일이 아닙니다.
자연스럽게 소중한 가치를 마음에 키우고 담을 수 있도록
아이와 함께해보세요.
그리고 그때의 마음을 서로 이야기하고,
그 가치가 무엇인지 알려주세요.
아이의 마음속에는 어느새 그 가치가 자라고 있을 거예요.
실천하는 모습이야말로 최고의 교육입니다.

인생의 목표를 이루는 과정이 아니라 그 자체가 소중한 여행이다. 서투른 자녀교육보다 과정 자체를 소중하게 생각할 수 있는 훈육을 시키는 것이 더욱 중요하다.
— 키르케고르(Kierkegaard)

FEB 18

 지식보다 더 소중한 행복을 위한 가치

성공과 행복을 위해 우리 아이에게 필요한 가치는 무엇일까요?
그건 아마도 자존감, 참고 기다릴 줄 아는 지혜,
긍정적이고 창조적인 사고, 끝없는 열정과 성실성,
성공적인 학교생활과 스스로 공부하는 힘 등등일 겁니다.
위에 열거한 가치를 아이의 마음과 머릿속에
어떻게 나누어 담아야 할지 끊임없이 고민해야 합니다.
공부보다 더 중요한 것은
결코 지식으로 얻을 수 없습니다.

행복은 현재와 관련되어 있다. 목적지에 닿아야 행복해지는 것이 아니라 여행하는 과정에서 행복을 느끼기 때문이다. — 앤드루 매슈스(Andrew Matthews)

아이의 마음과 생각이 자라도록 도와주세요

엄마의 생일을 맞이해 케이크를 만들던 아이는
언니가 떨어트려 깨진 그릇을 치우고 있습니다.
집 안에 들어선 엄마가 그 모습을 보며
아이를 야단칩니다.
아이는 마음으로 웁니다.
그리고 언니만 예뻐하는 엄마를 증오합니다.
그리고 일기에 엄마가 없었으면 좋겠다고 적습니다.
일상생활을 하다 보면 육아와 가정일의 스트레스로 인해
몸과 마음이 바쁠 때가 많습니다.
그럴 때면 아이가 알아서 해주기를 바라기도 하지만
아이의 생각과 의견을 듣거나 묻지 않고
부모가 판단해 명령하거나 야단칠 때가 많습니다.
부모는 아이의 행동과 결과를 판단해서
상을 주거나 벌을 주는 존재가 아닙니다.
아이의 말과 생각을 읽어주고
그 속에 담긴 의미를 찾아
마음과 생각이 자라도록 도와주는 존재입니다.

내가 좀 더 좋은 엄마가 되지 못했던 걸 용서해 줄 수 있겠니? 넌 나보다는 좋은 엄마가 되겠다고 약속해주겠니? — 양희은, 〈엄마가 딸에게〉 중에서

아이의 문제는 부모가 해답을 들고 있습니다

아이가 겪는 어려움과 고난은
어떻게 보느냐에 따라 그 원인과 접근이 다릅니다.
의사가 보면 몸과 마음의 질병이요,
교사가 보면 잘못된 학습의 결과요,
심리학자가 보면 마음의 문제요,
부모 교육 전문가가 보면 교육의 문제입니다.
여러분은 내 아이의 문제 원인을 어디에서 찾고,
어떻게 해결하고자 노력하나요?
그 원인을 학교나 학원, 병원에서 찾는다면
좀처럼 아이는 달라지지 않을 것입니다.
그 원인을 나를 포함한 부모에게서 찾는다면
어쩌면 그 답을 아주 쉽게 알 수 있을 것입니다.

다섯 살 된 자식은 당신의 주인이고, 열 살 된 자식은 노예이며, 열다섯 된 자식은 동등하게 된다. 그 후부터는 교육하는 방법 여하에 따라 벗이 될 수도 적이 될 수도 있다. — 탈무드(Talmud)

스스로 선택할 수 있는 힘을 키워주세요

아이 스스로 판단하고 선택하도록 하세요.
아이에게 해도 되는 일과 해서는 안 되는 일을 설명하고
스스로 결정하고, 그 결과에 대해 책임을 질 수 있도록 하세요.
부모가 지나치게 간섭하거나 통제할 때
아이는 수동적이거나 의존적인 아이가 될 가능성이 많습니다.
내가 아이를 믿는 만큼
아이 또한 부모를 믿으며
부모에 대한 신뢰가 타인으로 전해지고,
곧 아이를 둘러싼 세상으로 이어집니다.
스스로 선택할 수 있는 힘,
스스로 할 수 있다는 믿음과 자신감이
아이를 키우는 밑거름입니다.

자녀교육의 핵심은 지식을 넓히는 것이 아니라 자존감을 높이는 데 있다.
— 톨스토이(Tolstoy)

스스로 생각을 정리하도록 도와주세요

아이와 함께하다 보면
갈등을 겪거나 문제가 생기기도 합니다.
3세에서 6세 아이는 자기 조절 능력, 사회성,
생활 습관이 함께 발달해요.
이 시기의 발달이 아이 됨됨이의 기초가 됩니다.
아이가 자기 조절 능력을 키우기 위해서는
먼저 자기중심적 생각에서 벗어날 수 있어야 하며
자신의 생각을 정리할 줄 알고,
이를 표현하는 능력을 키워야 합니다.
아이의 감정을 있는 그대로 존중하고,
감정 표현을 공감해주어야 합니다.
그리고 갈등이나 문제를 말하도록 기다려주고
함께 대안을 찾는 연습이 필요합니다.

한 인간을 양성하기 시작할 때의 교육이 훗날 그의 삶을 결정한다. — 플라톤(Platon)

작은 배려와 희생이 아이를 키워요

아이 키우기는 그리 어려운 일이 아닙니다.
대수롭지 않게 여긴다면 최소한의 의식주만 제공해도 커갑니다.
특별한 노력을 기울이지 않아도 아이는 커갑니다.
하지만 현재와 미래가 행복과 축복으로 빛날 아이라면
이야기가 달라지겠지요.
독서하는 아이를 방해하지 않기 위해
음식물 쓰레기를 버리는 나가는 아빠의 발걸음이
고양이처럼 조용합니다.
머핀 만드는 것을 돕고 싶어 하는 아이를 위해
온통 밀가루와 딸기잼 범벅인 주방을 내어주는
엄마의 미소가 있습니다.
이러한 아빠의 발걸음과 엄마의 미소에는
아이를 위한 배려와 희생이 있습니다.
이처럼 아이 키우기에는 배려와 희생이 뒤따라야 합니다.

아이들은 칭찬에 춤추는 고래도, 당근에 흔들리는 당나귀도 아니다.
아이들이 원하는 것은 진정으로 존중받는 것, 부모의 조건 없는 관심과 믿음이다.
— EBS 제작팀, 《학교란 무엇인가》 중에서

부모에게 소중한 것, 아이에게 소중한 것

요즘 부모들은 아이의 공부뿐 아니라
신체 활동, 놀이 등 일상생활 전반에 개입합니다.
자연스레 아이는 부모에게 의존하는 습관이 생깁니다.
진정으로 아이를 위한다면
무엇이든 혼자 할 수 있도록 도와주세요.
공부도 아이가 스스로 하는 것입니다.
부모가 대신해줄 수 없는 것이 당연합니다.
스스로 공부하려는 마음을 갖게 하고,
스스로 묻고, 생각하고 문제를 해결하도록 도와주세요.
공부를 포함한 아이들 생활 모두는 이와 같습니다.
스스로 할 수 있는 힘을 키우기 위해
일상생활에서 습관을 가꿀 수 있도록 해주세요.
책을 읽거나 운동하는 것,
친구와 놀이를 하거나 피아노를 연주하는 것 등
작은 생활 습관 하나가 아이의 마음을 움직이게 하고
그 마음이 아이를 변화와 성장으로 이끌어냅니다.
부모의 작은 태도 하나하나가 아이의 인생을 만듭니다.

생각은 말을 만들고, 말은 행동을 만든다. 행동은 습관을 만들고, 습관은 인격을 만든다. 그리고 인격은 운명을 만든다. — 마거릿 대처(Margaret Thatcher)

아이와 함께 걷는 길

삶이란 어떻게 생각하느냐에 따라
전혀 다른 결론에 다다를 수 있습니다.
부모가 아이를 어떤 존재로 여기느냐에 따라
아이의 미래가 전혀 다른 결론에 다다를 수 있습니다.
아이의 가능성을 믿는 일,
그 가능성이 현실이 될 수 있도록
함께하는 것이 부모의 역할입니다.
긴 시간 아이와 함께 길을 간다면
분명 아이의 미래는 지금보다 훨씬 더 아름다울 것입니다.

미래의 성공을 달성하는 것의 장애요소는 바로 오늘의 의심일 것이다. 긍정적이고 강인한 자신만의 신념으로 전진하여라. ― 프랭클린 루스벨트(Franklin Roosevelt)

먼저 아이의 말과 생각을 들어주세요

말의 중요성은 수십 번, 수백 번, 아니 수천 번
강조해도 지나침이 없습니다.
아이에게 있어 부모의 말은
이 세상 무엇보다 강력하면서도
소중한 나침반 역할을 하기 때문입니다.
세상 모든 말에는 정답이 없을 때가 많습니다.
사실 아이와의 대화에 정답이 있는 것은 아닙니다.
그러므로 흑과 백을 나누듯이 이것은 해야 하고,
저것은 절대로 하지 말아야 한다는 표현은
부모만의 생각이고, 편견일 수 있습니다.
이 세상에 정답이 없는 게 대부분이듯
아이와의 대화에서
부모의 생각과 판단에 비추어
아이를 평가하고 강요하지 마세요.
먼저 아이의 말과 생각을 들어주세요.
그리고 부모의 말을 전해주세요.

그대의 아이라고 해서 그대의 아이는 아니오. 그들은 스스로 갈망하는 삶의 딸이며
아들이니 그대를 거쳐 왔을 뿐 그대로부터 온 것은 아니오.
— 칼릴 지브란(Khalil Gibran)

아이를 향해 눈과 귀를 열어주세요

여름날 강의로 인해 지하철을 이용할 때의 일입니다.
맞은편에 이제 막 유치원에 입학할 무렵의 아이와 엄마가 있습니다.
아이는 여러 가지 이야기를 엄마에게 합니다.
스마트폰을 바라보는 엄마의 눈은 아이를 한 번도 향하지 않습니다.
아이는 엄마의 관심을 끌어보려는 듯 노래를 부르기도,
몸을 실룩거리기도 합니다.
말을 걸고 팔을 흔들기도 합니다.
하지만 엄마의 시선은 스마트폰을 떠나지 않습니다.
엄마의 관심을 더 끌어보려는 듯
"나는 엄마 편이지, 엄마는 누구 편이야?"라는 이야기 끝에
아이가 엄마의 스마트폰을 건드립니다.
"아, 좀!" 하며
엄마의 신경질적인 목소리가 터집니다.
아이는 미안하고 머쓱했는지 얼굴이 붉어집니다.
'지금 아이는 어떤 생각과 마음이 들까?' 생각하니 마음이 아픕니다.
아이는 엄마의 말 한마디, 시선 한 번이
너무나 그리워 그렇게 몸부림쳤을 것입니다.
그 아이의 삶이 좀 더 따뜻하기를 기도해봅니다.
그리고 내 아이를 생각해봅니다.

면박 주는 아이는 눈치가 늘고 또 하도록 독려하는 아이는 용기가 늘지요. 소리 질러 키운 아이는 분노하기를 잘하고 그럴 수도 있다고 미소 지어 키운 아이는 온유함을 보여요. ─ 최효찬, 《5백년 명문가의 자녀교육》 중에서

부모가 느껴야 할 마음의 크기

내 아이를 어떤 존재로 받아들여야 할까요?
또 나는 아이에게 어떤 존재일까요?
우리 모두는 부모와 아이의 인연이 되어 서로 만납니다.
이러한 인연은 서로에게 의미 있는 타자여야 합니다.
내 아이이기에 함부로 하는 존재도 아니고
단지 최소한의 보육을 필요로 하는 존재도 아닙니다.
나와 아이 모두 같지만 다른 인격과 마음을 가지고
부모로서, 아이로서 서로 성장해가는 타자여야 합니다.
아이는 아직 모든 것이 미숙하기에
제대로 된 양육과 교육이 필요합니다.
어떤 환경과 경험, 교육을 제공하느냐에 따라
세상을 밝힐 존귀한 존재가 되거나
세상의 어두운 곳을 찾는 존재가 되기도 합니다.
최소한 아이의 부모라면
부모로서 마음과 정성을 다해야 합니다.

교육은 어머니의 무릎에서 시작되고 유년기에 들은 모든 언어가 아이의 성격을 형성한다. ― 호세아 벌루(Hosea Ballou)

3월
MARCH

부모가 창의력의 싹을 밟아버리는
말과 행동을 하지 않는다면
성장의 모든 단계에서 아이의 창의력은
더욱 빛을 발할 것이다.
— 웨인 다이어, 《아이의 행복을 위해 부모는 무엇을 해야 할까》 중에서

3월의 탄생화

1일: 수선화(Narcissus) - 자존
2일: 미나리아재비(Butter Cup) - 아름다운 인격
3일: 자운영(Astraglus) - 나의 행복
4일: 나무딸기(Raspberry) - 애정
5일: 수레국화(Corn Flower) - 행복감
6일: 데이지(Daisy) - 명랑
7일: 황새냉이(Cardamine) - 사무치는 그리움
8일: 밤꽃(Castanea) - 진심
9일: 낙엽송(Larch) - 대담
10일: 느릅나무(Hackberry) - 고귀함
11일: 씀바귀(Ixeris) - 순박함
12일: 수양버들(Weeping Willow) - 사랑의 슬픔
13일: 산옥잠화(Day Lily) - 사랑의 망각
14일: 아몬드(Almond) - 희망
15일: 독당근(Conium Maculatum) - 죽음도 아깝지 않음
16일: 박하(Mint) - 미덕
17일: 콩꽃(Beans) - 반드시 오고야 말 행복
18일: 아스파라거스(Asparagus) - 무변화
19일: 치자나무(Cape Jasmine) - 한없는 즐거움
20일: 보라색 튤립(Tulipa) - 영원한 애정
21일: 벚꽃난(Honey-Plant) - 인생의 출발
22일: 당아욱(Mallow) - 은혜
23일: 글라디올러스(Gladiolus) - 정열적인 사랑
24일: 금영화(Califonia Poppy) - 희망
25일: 덩굴성 식물(Climbing Plant) - 아름다움
26일: 흰앵초(Primrose) - 첫사랑
27일: 칼세올라리아(Calceolaria) - 도움
28일: 꽃아카시아나무(Robinia Hispida) - 품위
29일: 우엉(Arctium) - 괴롭히지 말아요
30일: 금작화(Broom) - 청초
31일: 흑종초(Nigella Damascena) - 꿈길의 애정

새 학년을 맞이하는 아이의 부모에게

새로운 장소를 찾는 것은 설레는 일입니다.
새로운 사람을 만나는 것은 더욱 설레는 일입니다.
부모는 아이가 입학하거나 새 학년이 되면 걱정부터 앞섭니다.
어떤 친구를 만날지, 어떤 선생님을 만날지
눈으로 들여다보고 귀를 기울입니다.
내 아이에 대한 관심은 3월 한 달을 지나면서
점차 무뎌지고 예전으로 되돌아가버립니다.
그러는 사이 아이는 매일 변하지 않는 모습으로 자랍니다.
학교와 선생님에 대한 관심과 걱정보다
먼저 내 부모됨을 되돌아보아야 합니다.
아이가 즐겁게 학교에 다니고 있는지
친구 관계는 어떤지 살펴주세요.
그리고 학교 교육에 맞춰 부모 역할을 해야 합니다.
매일 알림장을 확인하고, 필요한 과제나 준비물은 무엇인지,
무엇을 어떻게 함께해야 할지 알고 실천해야 합니다.
학교 교육은 학교와 선생님에게 맡기고,
부모는 아이의 양육과 교육의 길을 고민해야 합니다.

자식을 불행하게 하는 가장 확실한 방법은 언제나 무엇이든지 손에 넣을 수 있게 해주는 일이다. ─ 루소, 《에밀》 중에서

아이에게 탐험의 기회를 빼앗지 마세요

아이는 세상 모든 것이 궁금합니다.
잠시만 신경을 쓰지 않으면
싱크대며 서랍이며 냉장고 안이며
온통 헤집어놓곤 합니다.
입이나 손, 무릎 등 자신의 모든 것을 이용해 세상을 탐험합니다.
부모 입장에서는 내 소중한 아이라
혹시 다치지는 않을까 노심초사합니다.
"안 돼", "하지 마"라는 이야기를
하루에도 여러 번 합니다.
세상에 대한 배움의 기회를
부모가 먼저 빼앗지 마세요.
대신 위험하고 걱정되는 물건은
미리 안전한 곳으로 옮겨주세요.
그리고 아이의 세상에 대한 탐험을
칭찬하고 격려해주세요.

탐험하라, 꿈꾸어라, 새로운 것을 발견하라. — 마크 트웨인(Mark Twain)

자연은 배움과 생명의 가치가 공존하는 곳

여름날 할아버지나 할머니가 계시는 시골집을 방문하거나
가끔 가족 여행을 위해 한적한 펜션이나 캠핑지를 방문하면
이곳저곳에서 날아드는 벌레나 곤충들로 불편할 때가 있습니다.
부모가 먼저 겁을 먹고 소리를 지르거나 도망을 치면서
소스라치게 놀랍니다.
부모 곁에 있던 아이 또한 따라 몸을 움츠립니다.
그러면 부모는 아이를 안으며 말합니다.
"더럽고 불결하니깐 만지지 마."
이런 말을 들은 아이는 곤충을 어떻게 받아들일까요?
아마 위험하고 무섭고 싫은 존재가 될 겁니다.
곤충에서 시작된 아이의 거부감은 자연으로 이어집니다.
가능하다면 부모가 먼저 자연에 대해 관심과 애정을 보여주세요.
아이에게 큰 해가 되지 않는 한
곤충을 만지고 느끼는 체험 학습이야말로
살아 있는 참교육의 시작이 아닐까요?

강과 산에는 주인이 따로 없다. 보고 느끼면서 즐길 줄 아는 사람이 주인이다.
— 법정 스님

아이에게 마음을 다해 전념해보세요

여러분은 클래식에 얼마나 관심을 가지고 있나요?
클래식을 처음 듣는 이에게는 그저 듣기 좋은 음악에 불과합니다.
하지만 관심을 기울이고, 음악적 지식을 쌓고, 많은 음악을 듣고 나면
선율과 악기가 보이고, 새로운 세상이 열리기 시작합니다.
음악이나 미술, 과학, 역사, 사회 등
거의 세상 모든 것이 이와 마찬가지입니다.
모르면 알지 못하고, 알지 못하면 느낄 수 없습니다.
자녀 양육이나 교육도 이와 같습니다.
부모가 모르면 절대 변하지 않고,
아이는 성장할 수 없습니다.
아이에게 마음을 다해 전념해보세요.
새로운 세상이 열리기 시작할 것입니다.

네게 닿지 않는 것에 선의를 갖고 대하면 언젠가 그것이 네 것이 된다.
— 니체(Nietzsche)

성공적인 경험을 자주 만들어주세요

아이의 자아가 커갈수록
아이가 점차 독립된 존재로 성장할수록
아이는 무엇이든 스스로 해보려고 합니다.
물을 따르는 것도, 가위로 잘라보는 것도,
반찬을 나누는 것도 그러합니다.
아직 어색하기만 합니다.
잦은 실수를 반복하기도 합니다.
아이의 도전이 성공할 수 있도록
작은 과제부터 제공해주세요.
아이가 도전할 수 있도록 기회를 만들고,
성공적인 경험을 자주 하도록 함께하세요.
기억하세요. 작은 성공이 모여 큰 성공을 만듭니다.

성공의 커다란 비결은 결코 지치지 않는 인간으로 인생을 살아나가는 것이다.
— 알베르트 슈바이처(Albert Schweitzer)

MAR 6

 어느 초등학교 4학년의 일기

저녁이 되면 아빠가 온다. 그때가 가장 슬픈 때이다. 방금 인사를 안 했다고 화를 낸다. 눈물이 고이기도 한다. 사실 아빠가 밉기도 한다. 거의 "가져와라, 불 꺼라, 문 닫아라"와 같이 명령을 시킨다. 그야말로 노예다. 또 아빠 단점을 말하면 아빠가 혼낸다. 아빠가 오면 눈물이 나온 것을 티가 안 나게 한다. 아빠가 부르면 구속의 부름이다. 그때 두려워진다. 숨이 가쁘고 발걸음이 무거워진다. 어쩔 땐 괴롭기도 한다. 정말 교도소 같은 느낌이 든다. ─ 4학년 아이의 일기 중에서

부모는 아이를 어떤 존재로 생각할까요?
부모는 아이와 어떤 관계를 맺고 싶어 할까요?
반대로 아이는 부모를 어떤 존재로 생각할까요?
아이는 부모와 어떤 관계를 맺고 싶어 할까요?
부모는 아이의 마음과 생각을 전혀 모르고 있습니다.
아빠로서 역할을 나름 하고 있다고 믿고 있겠죠.
더 안타까운 것은 이런 관계가 쉽게 변하지 않는다는 것입니다.
앞으로도 변하지 않는 부모-아이 관계가 될 가능성이 큽니다.
이러는 사이 아이는 아이에서 어른으로 매일 자랍니다.
더 행복할 수 있는 기회를 놓친 채 말입니다.

어린 시절 부모로부터 있는 그대로 온전히 사랑받지 못한 아이는 자신을 천재처럼 감추고 거짓 자아를 발달시켜간다. ─ 앨리스 밀러(Alice Miller)

아이를 변화시키는 최적의 시간

인간의 발달적 측면에서,
교육의 가소성 측면에서
시간이 지나면 지날수록,
아이가 성장하면 성장할수록
아이를 변화시키기란 어려운 일입니다.
어쩌면 불가능에 가까울지도 모릅니다.
가능하다면 내일로 미루지 마세요.
내일은 또 어떤 일이 눈앞에 펼쳐질지 모릅니다.
아이의 변화를 원한다면
바로 지금부터 시작하세요.

망가진 어른을 고치는 것보다 강한 아이로 키우는 것이 더 쉽다.
— 프레더릭 더글러스(Frederick Douglass)

MAR 8

 너무 걱정 마세요

정성과 노력을 다해 부모 역할을 해도
아이의 성장에 도움이 되는지 걱정됩니다.
하지만 걱정 마세요.
하루하루가 만나 한 달이 되고
한 달과 한 달이 이어져 1년이 되듯
아이는 부모 곁에서 매일매일 조금씩
성장하고 있음을 믿으세요.

정성과 노력을 다해 부모 역할을 해도
올바른 길을 가고 있는지 걱정이 앞섭니다.
하지만 걱정 마세요.
정성과 정성이 만나 아이의 마음이 풍부해지고
노력과 노력이 이어져 지식과 지혜를 살찌웁니다.

우리가 걱정하는 96%는 쓸데없는 걱정에 불과하다. 아울러 4%는 우리가 해결할 수 없는 것들에 대한 걱정이다. — 어니 젤린스키(Ernie Zelinski)

마음을 바르고 풍부하게 하는 것

아이에게 먼저 키워야 할 것이 있다면 무엇일까요?
공부를 잘하는 것, 삶의 지혜를 가르치는 것이 아닌
마음을 바르고 풍부하게 하는 것이 우선입니다.
사람이 사람다운 이유는 무엇일까요?
생각하기 때문일까요?
생각보다 더 소중한 것이 있습니다.
그건 마음입니다.
슬픈 일에 함께 슬퍼하고,
기쁜 일에 함께 기뻐하는 것이 가장 사람다움입니다.
마음이 행복한 사람이 더 행복한 삶을 만들어갑니다.

교육은 삶을 위한 준비가 아니다. 교육은 삶 그 자체이다. — 존 듀이(John Dewey)

MAR 10

 내가 아닌 아이의 마음을 들여다보세요

아이의 하교 시간에 맞춰 아파트 단지 앞으로 향합니다.
저 멀리서 걸어오는 아이의 얼굴이 어둡습니다.
엄마를 보자 눈물이 왈칵 쏟아집니다.
"왜 울어, 무슨 일 있어?"
한참을 달래고 달랬더니 아이가 말을 꺼냅니다.
"어떤 애가 다른 애들 앞에서 날 바보라고 놀렸어요."
"너는 그 소리 듣고 아무 말도 안 했어? 사내 녀석이?"
아이는 더 흐느끼며 눈물을 흘립니다.
엄마의 말을 듣고 아이의 마음은 무너집니다.
엄마는 상처 받은 아이가 미운 것이 아니라 화가 납니다.
아이는 엄마에게 무엇을 바랄까요?
아이는 엄마에게 상처 받은 마음을 위로받고 싶었을 것입니다.
그리고 어떻게 하면 좋을지 그 답을 묻고 있는 것을 아닐까요?
여러분도 아이의 마음을 읽지 못하고,
내 마음만 들여다보고 있지는 않은지요?

성공의 열쇠는 바로 자녀들이 부모에게서 존중받는다는 느낌을 갖는 것입니다. 존중받는다는 느낌은 사랑과 공감 어린 이해로 경청하는 데서 비롯됩니다.
— 존 가트맨(John Gottman)

부모의 작은 관심과 표현

아이는 심리적으로 뭔가 불안해하거나 부족하다고 느끼면
대개 서로 다른 방법으로 자신의 문제를 표현합니다.
무엇보다 아이의 마음을 잘 들어주어야 해요.
아이의 이야기를 마음을 다해 들어주면
마음속 갈등이나 문제를 스스로 극복해내는 힘을 키울 수 있어요.
부모의 불안이나 걱정 또한 아이가 그대로 학습해요.
부모의 강요나 지나친 걱정 또한 문제일 수 있어요.
마지막으로, 꼭 시간을 정해 하루 동안의 여러 가지 일들에 대해
이야기 나누고 칭찬하며 애정을 표현해주세요.
부모의 작은 관심과 표현, 표정조차도 아이에겐 삶의 큰 의미입니다.

아이들에게 솔직하게 대하라. 아이들보다 더 눈치빠른 사기꾼은 아무도 찾아낸 적이 없다. ― 메리 맥크래켄(Mary MacCracken)

아이의 이야기를 잘 들어주세요

아이의 이야기를 잘 들어주세요.
언제 어디서나 아이의 이야기를
들을 준비가 되어 있다는 신호를 보내주세요.
그러기 위해서는 먼저 아이의 눈을 바라봐야 합니다.
이러한 눈 맞춤을 통해 교감하고 공감하는 능력은 커갑니다.
내가 아이의 이야기를 잘 들어주면
아이 또한 내 이야기를 잘 들어줍니다.
이 세상 모든 시작은 이야기,
즉 대화를 통해 시작합니다.
대화를 통해 서로의 사랑을 확인하고
대화를 통해 오해와 갈등을 풀고
또 자신이 가치 있다고 느낍니다.
여러분은 오늘 아이에게서 어떤 이야기를 들었는지요?

남의 말을 들어야 하는 중요한 목적 중 하나는 다른 사람이 당신의 말을 듣도록 하기 위함이다. — 존 우즈(John Woods)

부모의 사랑을 얼마만큼 느끼는가?

한 아가씨가 있습니다.
누가 봐도 예쁘다는 소리를 들을 수 있는
미모와 몸매를 가졌습니다.
길거리를 지날 때면 여러 사람이
부러워하는 눈빛으로 쳐다보곤 합니다.
하지만 그 아가씨는 자신의 몸매에 늘 만족하지 못합니다.
'어떻게 하면 좀 더 살을 빼고 예뻐질 수 있을까?'
아가씨는 매일 똑같은 고민을 하고 다이어트를 합니다.
사람들의 시선과 자신의 가치 중
더 중요한 것은 무엇일까요?
그것은 자신의 가치입니다.
가장 중요한 것은 자신의 생각과 느낌입니다.
부모가 아이에게 '너를 사랑한다,
네가 세상에서 제일 소중해'라고 말한다 해도
정녕 중요한 것은 아이가 '부모의 사랑을 얼마만큼 느끼는가?'입니다.
내 아이는 진정으로 여러분의 사랑을 느끼고 있을까요?
내가 원하는 방식으로만 사랑을 전하고 있지는 않은지요?

'아이에게 무엇이 결여됐는지'를 보는 것이 아니라 '아이에게 무엇이 있는지'를 찾아내는 것이 부모의 역할이다.— 대럴드 트레퍼트(Darold Treffert)

아이들이 부모에게 바라는 한 가지

부모가 아이에게 원하는 것은
밤하늘의 별처럼 무수히 많습니다.
공부해라. 책 좀 읽어라.
게임 하지 마라. 깨끗이 씻어라.
TV 보지 마라. 선생님 말씀 잘 들어라.
친구들과 사이좋게 지내라. 학원에 잘 다녀라.
숙제 열심히 해라. 스마트폰 좀 하지 마라.
음식 골고루 먹어라. 일찍 자고, 일찍 일어나라 등등.
엄청 많은 것을 지시하고, 요구하고,
그에 상응하는 질책을 하기도 합니다.
그렇다면 아이들이 부모에게 원하는 것은 무엇일까요?
표현은 서로 다르지만 대체로 한 가지로 압축할 수 있습니다.
'같이 놀아주기.'
좋은 부모는 아이에게 지시하는 사람이 아닙니다.
아이가 원하는 것을 함께하는 사람입니다.

부모란 자녀에게 사소한 어떤 것을 주어 아이가 행복하도록 만들어주는 존재이다.
— 오그든 내시(Ogden Nash)

아이가 부딪히는 수많은 문제와 갈등

누구나 아이가 삶을 사랑하고 긍정적이고
건강하고 행복한 삶을 사는 사람이 되길 바랍니다.
또 한편으로는 부자이고 유명해지고,
높은 지위를 차지하기를 바랍니다.
하지만 이런 삶과 마주칠 현실은 그리 녹록지 않습니다.
보통 사람들은 수많은 문제에 부딪히고,
갈등하고, 고민하며 살아갑니다.
살아가면서 누구나 겪는 문제를
얼마나 바람직하고 지혜롭게 해결해가느냐 또한 중요합니다.
선장이 바다의 거친 물살을 헤쳐나가는 것처럼
아이가 부딪히는 수많은 문제와 갈등을
어떻게 판단하고 해결해가는지
부모가 함께 연습하고 지혜를 모아야 합니다.

우리 아이에게 물려주어야 할 두 가지 영원한 유산이 있다. 하나는 뿌리고, 다른 하나는 날개다. ― 호딩 카터(Hodding Carter)

아이가 인생을 아름답게 즐기길 바란다면

인생은 아름답다는 것을 알기도 전에,
인생은 즐길 만한 것이라는 걸 알기도 전에
아이들은 꿈도 없이, 시간의 흐름에 이끌려
하루하루를 살아갑니다.
아이들은 어떻게 인생을 즐기며 살아가야 하는지 모릅니다.
부모 또한 그런 삶이 어떠한 삶인지 모를 때가 있습니다.
아이가 인생을 아름답게 즐기길 바란다면
부모 또한 인생을 아름답게 가꾸고 즐길 줄 알아야 합니다.

인생을 살아가는 데는 오직 두 가지 방법밖에 없다. 하나는 아무것도 기적이 아닌 것처럼, 다른 하나는 모든 것이 기적인 것처럼 살아가는 것이다.
— 알버트 아인슈타인(Albert Einstein)

희극을 만들어가는 부모가 되세요

"인생은 멀리서 보면 희극이지만 가까이서 보면 비극이다."
찰리 채플린의 말처럼
부모와 아이 관계도 대개 그러합니다.
하지만 멀리서 보나 가까이서 보나 희극처럼 즐거운
부모와 아이 관계가 있는가 하면
멀리서 보나 가까이서 보나 비극처럼 괴로운
부모와 아이 관계도 있습니다.
오늘 아이와 의미 있는 시간을 함께 만들고,
마음과 지식을 키우고 넓히는 시간을 만들어가고 있는지요?
반대로 너무나 소중한 하루의 시간을 그냥 보내고 있지는 않은지요?
주변을 둘러보면 다시는 되돌아오지 않을 시간을
쉽게 허비해버리는 부모가 너무나 많습니다.
지금 이 시간, 아이와의 만남을 축복으로 여기고
아름답게 가꾸어가는 사람이 희극을 만들어가는 부모입니다.

방법을 가르치지 말고 방향을 가리켜라. 가르치면 모범생을 길러낼 수 있지만 가리키면 모험생을 길러낼 수 있다. — 데이브 버제스(Dave Burgess)

아이의 모든 행동에는 이유가 있습니다

학교에 와서 늘 조용히 자기 일을 하는 지훈이는
작은 일에도 상처를 받습니다.
"쓰레기는 네가 가져"라는 짝꿍의 말에 마음이 괴롭습니다.
주변 친구의 장난에도 하루 종일 기분이 좋지 않습니다.
그리고 집에 돌아와 엄마에게 눈물을 보이며
학교에 가기 싫다고, 전학 가고 싶다고 이야기합니다.
수업에 집중을 하지 못하고 책 읽는 것이 싫은 도원이는
친구에게 자신의 말과 행동을 강요할 때가 많습니다.
"내가 대장 할 테니 너는 졸병 해"라고 말하며
친구들에게 명령하고 다툼이 일어납니다.
지훈이는 부모의 강요나 지시에 억눌려
자신의 생각과 마음을 표현하는 연습이 부족하고,
도원이는 부모의 관심이 똑똑하고 야무진 동생에게 있어 늘 외롭습니다.
행동의 원인이 되는 아이 마음을 모르면
겉으로 드러나는 모습만 보며 화부터 내고,
마음이 조급해져 닦달하게 되고,
이로 인해 아이의 상태는 더 나빠지는 악순환에 빠집니다.
아이의 마음을 모르면 결코 바른 성장을 이끌어낼 수 없습니다.

미래가 어떻게 전개될지는 모르지만 누가 그 미래를 결정할지는 안다.
— 오프라 윈프리(Oprah Winfrey)

아이 마음과 부모 마음

아이 마음을 이해한다고
모든 문제가 해결되는 것은 아닙니다.
부모 자신에게 문제가 있는 경우도 적지 않기 때문입니다.
어렸을 때 자기도 모르게 상처를 입은 부모는
아이의 감정에 잘 공감해주지 못하는 경향이 있습니다.
부모도 자신의 어린 시절을 돌아볼 필요가 있습니다.
일정 기간을 정해 자기가 어떤 순간에 화를 내는지
스스로 분석해보는 것도 많은 도움을 줍니다.
부모가 갖고 있는 정서적 문제를
부모 스스로의 노력으로 해결할 때
부모 자신도 아이도 모두 행복해질 수 있습니다.
부모 스스로 기분이 좋지 않을 때,
감정 조절이 되지 않을 때는
가능하면 아이를 야단치지 마세요.
화가 날 때는 차라리 일단 자리를 피하고
감정이 가라앉은 다음에 차분히 이야기 나누세요.
아이의 마음만큼 부모 마음을 읽는 것도 중요합니다.

그대에게서 나온 것은 그대에게로 돌아간다. — 맹자(孟子)

부모의 마음으로 아이를 보지 마세요

친구와의 사소한 다툼으로 마음이 상한 아이는
집으로 돌아와 엄마에게 학교에서 있었던 일을 이야기합니다.
"바보 같으니라고, 다른 애들이 때리면 너도 때려버려."
"엄마가 책임질 테니 걱정하지 말고, 뭘 잘했다고 울어!"
아이의 마음은 그때부터 혼란이 일어납니다.
난 때리고 싶지 않은데, 난 친구와 잘 지내고 싶은데,
엄마가 내 속상한 마음을 안아주길 바라는데…….
다음에도 이런 일이 생기면 엄마에게 말하지 않겠다고 다짐합니다.
아이는 엄마에게 무엇을 기대했을까요?
정답은 아닐지언정 자신의 마음을 따뜻하게 안아주고
함께 해결할 수 있는 대안을 기대하지 않았을까요?
부모의 마음으로 아이를 보지 마세요.
아이의 마음으로 아이를 바라보세요.

우리의 말보다 우리의 사람됨이 아이들에게 훨씬 더 많은 가르침을 준다. 그래서 우리는 우리가 아이들에게 바라는 그 모습이어야 한다. — 조지프 피어스(Joseph Pearce)

지식, 지혜, 마음의 밭

지식, 지혜, 마음.
우리가 행복한 삶을 바란다면 위의 세 가지는 꼭 필요합니다.
지식이 없다면 지혜를 발휘할 수 없는 것처럼
마음이 바르게 성장하지 못하면 지식의 뿌리는 내릴 수 없습니다.
건강하고 바른 마음 없이 지식의 뿌리를 내리면
그 지식은 아주 위험한 것이 되기도 합니다.
요리사가 정성을 다한 음식을 만들기 위해 사용한 칼과
상대를 해치기 위해 사용하는 칼은 서로 다릅니다.
바르고 건강한 마음속에 지식이라는 뿌리를 내릴 때
아이는 푸르른 여름날의 나무처럼
풍성하게 자랄 것입니다.

성공한 인생을 살고 싶으면 성공하는 생각을 해야 한다. 사랑하며 살고 싶으면 사랑하는 생각을 해야 한다. 우리가 마음속으로 생각하거나 입으로 소리 내어 말하면 그대로 이루어진다. ― 루이스 헤이(Louise Hay)

매일 작은 일상을 나누는 것

직장에서의 업무도 거의 똑같은 일들의 반복,
집안일도 거의 똑같은 일들의 반복,
육아와 교육 맘의 일상도 늘 반복이랍니다.
육아와 교육은 어떤 보상과 가시적인 결과를 얻기 힘듭니다.
그저 열심히 했다는,
아이의 머리와 마음에 작은 가치를 담았다는 믿음과
잘하고 있다는 막연한 기대감이 전부일 것입니다.
내 아이를 둘러싼 육아와 교육은
특별한 게 별로 없습니다.
하루하루가 지나 1년이 되고
1년이 지나고, 또 1년이 지나
지금의 여러분이 된 것처럼
매일 같은 일들을,
매일 작은 일상을 나누는 것이
바로 육아와 교육입니다.
그러한 소소한 풍경과도 같은 작은 것들이
위대한 아이의 꿈에 이릅니다.

뛰어남은 훈련과 반복을 통해 얻는 예술이다. 사람들은 반복해서 행하는 것의 결정체다. 따라서 뛰어남은 습관이다. ― 아리스토텔레스(Aristoteles)

MAR 23

아이는 스스로 행동하며 내면의 힘을 키웁니다

오늘도 아이는 자기 내면의 힘을 키워나갑니다.
스팀 청소기에 막 물을 넣으려 할 때
저만치서 들려오는 소리.
"아빠, 내가 할게."
"교은이가 도와주면 아빠 기분 최고지."
물론 또 맞이하게 될 아이의 실수에 대한 두려움이 앞섭니다.
잠시 후 들려오는 아이의 목소리.
"아빠, 물 많이 흘렸어."
아니나 다를까 스팀 청소기 옆에
절반 넘는 물이 그대로 흘려져 있습니다.
"무엇이든 스스로 하려는 교은이가 멋져.
다음에는 아빠랑 함께 물을 넣어보자."
아이는 당당하게 "응, 그래" 하며 행복한 미소를 짓습니다.
아이는 스스로 행동하며 내면의 힘을 키웁니다.

최고의 가르침은 아이에게 웃는 법을 가르치는 것이다. — 니체(Nietzsche)

거인의 마음을 키우는 아이

아이 주변에서 일어나는 일은
원인과 결과가 있다고 가르쳐주세요.
아이의 실수나 잘못은 누구나 할 수 있는 일로 여겨주세요.
그러면 아이도 '잘못했어요. 제가 그랬어요.
이제 실수하지 않도록 노력할게요'라고 말합니다.
스스로 책임 있는 행동을 실천하려고 합니다.
이렇게 자기 자신의 삶을 책임지는 아이는
스스로 내면의 힘을 키우는 아이입니다.
비록 작지만 마음속에는 거인의 마음을 키우는 아이일 것입니다.

군자는 자기에게 책임을 추궁하고 소인은 남에게 추궁한다. — 공자(孔子)

일관된 양육과 감정을 표현하세요

아이는 눈 맞춤, 안아주기, 다양한 놀이 등을 통해
부모와 세상을 신뢰하고, 더 넓은 세상을 향해 나아갑니다.
바람직한 애착을 통한 관계의 경험은
아이에게 믿음과 신뢰, 안정감을 줍니다.
일관되지 않은 양육이나 감정 기복이 심한 부모를 통해
아이는 불안과 두려움을 갖게 됩니다.
언뜻 보면 너무나 당연한 일이겠지만
여기엔 많은 인내와 평정심이 필요합니다.
부모가 그날의 기분과 상황에 따라 아이의 행동을
어떤 날은 수용하고, 어떤 날은 수용하지 않는다면
아이에게는 기준이 혼란스럽게 됩니다.
그러면 아이는 말과 행동이 어색하고 불편해지고,
자신감을 잃어버립니다.

성공의 비밀은 목표의 일관성이다. — 벤저민 디즈레일리(Benjamin Disraeli)

아이의 감정과 기분을 이야기해요

아이는 경험을 통해 좋고 싫은 감정을 느끼며
이를 시작으로 감정이 세분화되어갑니다.
아이의 감정을 충분히 이해하고 적절히 반응해주어야 합니다.
자신이 느끼는 감정이 무엇인지, 그리고 어떤 기분이나 생각이 드는지
함께 이야기할 수 있어야 합니다.
그리고 그러한 감정을 어떻게 해소할 수 있는지 알아보고
실천으로 옮겨야 합니다.
이렇게 충분히 감정을 연습하고 표현했을 때
바람직하고 긍정적인 마음은 자라납니다.

아는 것이 적으면 사랑하는 것도 적다. ― 레오나르도 다빈치(Leonardo da Vinci)

나를 사랑해주는 그 마음이 있기 때문입니다

내가 자식이었을 때는
부모의 사랑에 늘 목말라 있었습니다.
그래서 부모를 기쁘게 할 수 있는 일이면
더욱 나를 빛나게 했습니다.
내가 부모가 되었을 때는
자식의 사랑에 늘 목말라 있었습니다.
그래서 아이를 기쁘게 할 수 있는 일이면
더욱 나를 빛나게 했습니다.
자식이거나 부모이거나
난 다른 사람의 마음을 기쁘게 할 수 있다면
더욱 나를 빛나게 했습니다.

그 마음을 통해 내가 빛날 수 있는 이유는
부모가 곁에 있어서,
아이가 곁에 있어서입니다.
나를 들여다보는 그 마음이 있기 때문입니다.
나를 사랑해주는 그 마음이 있기 때문입니다.

훌륭한 부모의 슬하에 있다면 사랑이 넘치는 체험을 할 수 있다. 그것은 먼 훗날 노년이 되더라도 없어지지 않는다. — 베토벤(Beethoven)

MAR 28

 부모의 감정을 아이에게 표현해주세요

작은 가족, 스마트한 고도의 산업 사회를 살아가는
우리 아이들은 감정 표현이 어색하고 부족합니다.
학교에서도 감정 표현을 못하는 아이와
아무렇지 않게 마구 표현하는 아이가 있습니다.
친구가 듣기 싫은 말을 해도
당당히 그러지 말라고 이야기하지 못하는 경우도 있습니다.
친구의 감정을 배려하지 않고,
함부로 말하거나 멋대로 행동하는 경우도 많습니다.
뭔가 기쁜 일이 있으면 "우와, 최고야. 오예" 하고,
슬픈 일이 있으면 "마음이 아프다. 정말 슬퍼" 하며
감정을 잘 표현해주세요.
화난 마음, 소심한 마음, 까칠한 마음, 불쌍한 마음 등
감정을 아이에게 잘 표현해주세요.
아이는 그런 부모를 보며
그것이 어떤 감정인지 이름 짓고,
무엇을 어떻게 느끼는지 배워나갑니다.

아는 것만으로는 부족하다. 적용해야 한다. 마음만으로는 부족하다. 행해야 한다.
— 괴테(Goethe)

아이와 나누는 대화 연습

아이: (시무룩한 표정으로) "재완이가 나를 자꾸 놀렸어요."
엄마: "그래, 재완이가 여러 번 그랬나보구나!"
아이: "네, 오늘도 학교 끝나고 집에 오는데 멸치라고 했어요."
엄마: "그래, 그래서 너는 어떻게 했니?"
아이: "나도 기분이 나쁘니까 마귀 할멈이라고 했어요."
엄마: "재완이를 놀리니까 어떤 마음이 들었어?"
아이: "속이 시원했는데, 또 재완이가 놀려서 얼른 집으로 왔어요."
엄마: "그랬구나. 재완이가 놀리니까, 어떤 기분이 들었어?"
아이: "화도 나고, 기분이 매우 나빴어요."
엄마: "재완이한테 화가 나고, 속상한 마음이 든 것 같네."
아이: "네, 맞아요."
엄마: "놀리면 화가 나고, 속상할 것 같은데, 어떻게 해결하는 게 좋을까?"
아이: "놀리지 말라고 이야기하고, 친하게 지내자고 하면 좋겠어요."
엄마: "좋은 생각이네. 친구에게 편지를 쓰는 방법도 있을 것 같고, 선생님에게 도움을 받는 방법도 있을 것 같아."
아이: "그냥, 먼저 말해보고, 사이좋게 지내면 좋겠어요."
엄마: "좋은 생각이야. 재완이랑 이야기해보고, 노력하면 사이좋게 지낼 수 있을 것 같아."

아이의 마음에 공감하고 대화하는 것은 많은 연습과 노력이 필요합니다.

많이 보고, 많이 겪고, 많이 공부하는 것은 배움의 세 기둥이다.
— 벤저민 디즈레일리(Benjamin Disraeli)

아이의 마음을 기다려주세요

하루에도 여러 번 아이의 마음은 변합니다.
그만큼 아이의 마음속엔 감정이라는 파도가 치고 있습니다.
때로는 불쾌하거나 짜증난 감정을 표현합니다.
이런 아이를 곁에 두고 있노라면
어지간한 부모가 아니면 더 짜증이 납니다.
그리고 아이에게 경고합니다.
"너 한번만 더 짜증 내면 가만히 안 둬!"
"넌 누굴 닮아 그 모양이니?"
부모의 이 말에 아이는 어떤 마음이 자랄까요?
어쩌면 그 안에 분노와 원망 같은 부정적인 감정이 가득할 것입니다.
때론 부모라는 존재로 인해 굴복하기도 합니다.
아이는 마음속에 있는 감정들을 모두 알지 못하거나
아직 이름 지을 수 없습니다.
그럴 때일수록 아이에게 시간을 주세요.
부모가 해야 할 일들을 하거나 "아빠가 기다려줄게"라고 표현해보세요.
그러면 아이는 그 감정을 녹여내고, 내게 옵니다.
다시 희망찬 미소를 가득 담고요.
내가 생각한 것보다 조금 더 기다려주세요.

부모의 역할은 어린이를 가르치는 것이 아니라 어린이 스스로 자기 발달을 할 수 있도록 어린이들의 마음을 돕는 것이다. — 몬테소리(Montessori)

말이 아이의 세상을 만듭니다

말이 아이의 세상을 만듭니다

"너 아빠가 다친다고 했니 안 했니? 그럴 줄 알았다."
"그러게 엄마 말을 왜 안 들어?"
"네 맘대로 해라. 엄마 모른다."
부정적인 말은 부정적인 마음을 갖게 합니다.
부정적인 마음은 부정적인 아이를 만들어갑니다.
부정적인 아이는 부정적인 세상을 만들어갑니다.
반대로 긍정적인 말이 긍정적인 마음을,
긍정적인 마음이 긍정적인 아이와 세상을 만들어갑니다.

성공한 사람들은 세 가지 말 '없다', '잃었다', '한계다'와 같은 말은 절대 하지 않는다.
데일 카네기(Dale Carnegie)

4월
APRIL

꼭 기억해주십시오.
성공의 열쇠는 바로 자녀들이 부모에게서
존중받는다는 느낌을 갖는 것입니다.
존중받는다는 느낌은 사랑과 공감 어린 이해로
경청하는 데서 비롯됩니다.
이것이 바로 자녀를 위한 사랑의 기술입니다.
— 존 가트맨, 《내 아이를 위한 사랑의 기술》 중에서

4월의 탄생화

1일: 아몬드(Almond) - 진실한 사랑
2일: 아네모네(Wind Flower) - 기대
3일: 나팔수선화(Daffodil) - 존경
4일: 빨강 아네모네(Wind Flower) - 그대를 사랑해
5일: 무화과(Fig-Tree) - 풍부
6일: 아도니스(Adonis) - 영원한 행복
7일: 공작고사리(Adiantum) - 신명
8일: 금작화(Broom) - 박애
9일: 벚나무(Cherry) - 정신미
10일: 빙카(Periwinkle) - 즐거운 추억
1일: 꽃고비(Blemonium Coeruleum) - 와주세요
12일: 복사꽃(Peach) - 사랑의 노예
13일: 페르시아국화(Golden Wave) - 경쟁심
14일: 흰나팔꽃(Morning-Glory) - 넘치는 기쁨
15일: 펜오키드(Fen Orchid) - 훌륭함
16일: 튤립(Tulipa) - 아름다운 눈동자
17일: 독일창포(German Iris) - 멋진 결혼
18일: 자운영(Astragalus) - 그대의 관대한 사랑
19일: 참제비고깔(Larkspur) - 청명
20일: 배나무(Pear) - 온화한 애정
21일: 수양버들(Weeping Willow) - 내 가슴의 슬픔
22일: 과꽃(China Aster) - 믿음직한 사랑
23일: 도라지(Balloom-Flower) - 상냥하고 따뜻함
24일: 제라늄(Geranium) - 결실
25일: 중국패모(Gritillaria Thunbergii) - 위엄
26일: 논냉이(Cardamine Iyrata) - 불타는 애정
27일: 수련(Water Lily) - 청순한 마음
28일: 빨강앵초(Primrose) - 비할 바 없는 아름다움
29일: 동백나무(Camellia) - 매력
30일: 금사슬나무(Golden-Chain) - 슬픈 아름다움

공부는 마음이 결정합니다

공부할 때 아이의 기분과 마음 상태는
학습 효과에 생각보다 큰 영향을 미칩니다.
어떤 마음으로 공부했는지에 따라
똑같은 문제라도 쉽게 느껴지기도 하고
어렵게 느껴지기도 합니다.
마음이 행복하면 뇌가 활성화합니다.
즐거운 마음이면 기억력이 높아집니다.
지금 아이가 어떤 기분과 마음으로
공부와 만나고 있는지 들여다보세요.

인간은 운명의 포로가 아니라 단지 자기 마음의 포로일 뿐이다.
— 프랭클린 루스벨트(Franklin Roosevelt)

교육 맘을 응원합니다

예전에는 공부를 잘하면 우등상을 주었습니다.
우등상을 받은 아이는 부러움의 대상이었습니다.
요즘에는 체육이나 음악, 미술을 잘해도 상을 줍니다.
아이들에게 인기도 많습니다.
그런데 공부 잘하는 아이가 체육뿐만 아니라
음악이나 미술도 잘하는 경우가 많습니다.
이 아이들에게는 한 가지 공통점이 있습니다.
열혈 교육 맘을 부모로 두었다는 것입니다.
공부나 예체능이나 모두 노력의 결과입니다.
교육 맘들은 아이들에게 좋은 결과를 선물하기 위해
끊임없이 도와주고 보살핍니다.
이런 교육 맘들의 교육열이
아이를 망친다고 말할 수 있을까요?
아이가 공부 잘하는 것은 결코 쉬운 일이 아닙니다.
아이의 공부를 위해 부모가 노력하는 것은
결코 창피하거나 부끄러운 일이 아닙니다.
대한민국 교육 맘에게 자신의 생각대로 당당하게
걸어가라고 말하고 싶습니다.
교육 맘을 응원합니다.

사람을 가르칠 수는 없다. 다만 자각할 수 있도록 도와줄 뿐이다.
— 앙리 아미엘(Henri Amiel)

책을 사랑하는 아이로 키우세요

책을 사랑하는 부모 곁에는
책을 사랑하는 아이가 자랍니다.
부모가 먼저 책을 사랑하는 모습을 보여주세요.
이것도 억지로 하면 정말 힘들고 불편한 일이에요.
진정으로 책을 사랑해보세요.
언제 어디서든 그런 모습을 보여주세요.
외출을 하거나 여행을 갈 때도 마찬가지입니다.
책을 좋아하는게 괴롭고 힘든 일이라면
문학을 사랑하는 척이라도 해보세요.

진정한 책을 만났을 때는 틀림이 없다. 그것은 사랑에 빠지는 것과 같다.
— 크리스토퍼 몰리(Christopher Morley)

아이와 함께하는 시간의 중요성

이 세상에 똑같은 아이는 없습니다.
따라서 모든 부모에게 통용되는 조언은 없습니다.
그런 조언이나 방법이 있다면
이 세상에는 공부 못하는 아이,
말 안 듣는 아이는 아마 없을 것입니다.
그러므로 느리고 때론 답답하지만
부모 스스로 내 아이에 대해 알아갈 수밖에 없습니다.
아이를 알아가기 위해서 가장 필요한 것은
아이와 함께하는 시간입니다.
내 아이가 어떻게 행동하고 어떻게 변화하는지 살펴보세요.
내 아이에게 어떤 방법이 효과적인지 생각해보세요.
또 어떤 방법이 적절하지 않은지 생각해보세요.
아이와 대화를 통해 가장 좋은 방법을 선택하고
실천해가는 노력이 필요한 시간입니다.

시간은 인간이 쓸 수 있는 가장 값진 것이다. ― 테오프라스토스(Theophrastos)

눈치 보는 아이는 부모가 만듭니다

초등학교 1학년 아이를 둔 부모가 있습니다.
바쁘다는 핑계로 아이를 시부모에게 맡겨두고
부부는 시 외곽까지 사업을 하러 다닙니다.
아빠는 일주일에 한 번 집에 들릅니다.
부부는 아이 스스로 해야 할 일을 다짐 받습니다.
학교에 입학한 후 선생님과의 첫 상담 시간.
선생님은 아이가 주변을 의식해
자주 눈치를 본다고 말합니다.
집에서의 모습이 학교에서도 나타나는 것 같아
엄마는 걱정이 앞섭니다.
언제부터인가 완벽하길 바라는 마음을 강요해온 것 같습니다.
지나치게 엄격하지 않았나,
자주 화를 내지 않았나 되돌아봅니다.
이제야 아이에게 미안한 마음이 듭니다.
시간이 지나면 지날수록 습관이 되어
점점 눈치 보는 아이로 자랄까 마음이 아픕니다.
아이의 눈치 보는 습관은 결국 부모가 만들어갑니다.

습관을 조심해라. 운명이 된다. — 마거릿 대처(Margaret Thatcher)

아이의 마음은 경험을 먹고 자랍니다

아이의 마음은 언제 어떻게 완성되는 걸까요?
마음은 영아 시기에서 출발해 평생에 걸쳐 자랍니다.
이때 영유아기와 아동기에 경험한 일들을
머릿속에 어떻게 기억하고 있는지가 중요합니다.
그래서 아이와 어떤 환경 속에서
어떻게 마음을 나누고, 어떻게 반응하며
어떻게 정보에 대해 주의 집중하느냐가 중요합니다.
부모라면 아이의 마음을 풍요롭게 하고,
건강한 마음, 행복한 마음을 담을 수 있도록 해야 합니다.
이러한 생의 초기의 경험은 평생에 걸쳐
보다 더 행복한 마음을 갖게 합니다.

경험은 창조할 수 없다. 오로지 겪어야만 얻을 수 있다.
— 알베르 카뮈(Albert Camus)

아이를 자라게 하는 부모의 말

"아빠, 밤이 되면 왜 깜깜해져요?"
"엄마, 고양이는 왜 수염이 있어요?"
아이에게 이런 질문을 받으면 뭐라고 답해야 할까요?
"그야 당연하지. 해가 지니까!"
"당연히 고양이니까 수염이 있지."
부모는 당연한 질문에 쉽게 답합니다.
이런 부모의 답에 아이는 어떤 생각을 할까요?
자신이 궁금해하고, 알고 싶어 하는 것을 해결했을까요?
어른의 눈으로 아이를 바라보지 마세요.
아이의 눈으로 세상을 바라보고,
아이의 눈높이로 이야기해줄 수 있어야 합니다.
우리가 매일 만나는 바람, 구름, 나무, 자동차, 새 등
우리를 둘러싼 세상 모든 것이 궁금한 이유는
아이이기 때문입니다.
부모의 반응, 대화 한마디에 따라
아이의 생각과 마음도 다르게 자랍니다.

질문하기는 어쩌다 한 번씩 일어나는 일이 아니라, 어린 아이로 존재한다는 것의 본질에 해당하는 일이다. — 미셸 슈나이더(Michel Schneider)

두 눈을 아이와 맞춰주세요

아이가 물으면 잘 들어주세요.
피상적으로 다른 일을 하며 듣지 마세요.
잠시 하던 일을 멈추고 아이에게 다가가세요.
아이의 키에 맞게 자신을 낮춰주세요.
두 눈을 아이와 맞춰주세요.
그러면 아이의 이야기를 들을 준비가 된 것입니다.
아이 입장에서는 말할 준비가 된 것입니다.
부모가 어떻게 이야기하느냐보다
먼저 아이에게 들을 준비가 되어 있다는 신호를 보내주세요.
내 아이는 알게 될 거예요,
내가 정말 소중한 존재라는 것을.
그러면 아이의 눈으로 본 세상 모든 것을,
아이 마음속에 담긴 수많은 이야기를
여러분에게 들려줄 것입니다.

충분히 오래 들으면, 상대방은 대개 좋은 해결책을 알려주기 마련이다.
— 메리 케이 애시(Mary Kay Ash)

아이의 선택을 존중해주세요

우리 집 아이는 아침이면 바쁜 마음에 불을 지릅니다.
옷 하나 때문에 엄마와 실랑이를 벌입니다.
"오늘은 두꺼운 바지 입어라."
"아니, 엄마, 이 원피스 입을래요."
"지금 날씨가 추운데 그것을 어떻게 입니?"
아이의 표정이 굳어갑니다.
엄마의 시선을 피하며 눈물을 훔칩니다.
"엄마 말 안 들을 거면 네 마음대로 해."
바쁜 마음에 서로의 마음에 상처를 가득 안겨줍니다.
안전과 건강에 특별히 유의할 필요가 없다면
아이의 선택을 존중해주세요.
그리고 그 선택의 결과에 대해 친절히 설명해주세요.
그러면 아이는 조금씩 스스로 더 나은 선택과 결정을 할 겁니다.

인간을 현재의 모습으로 판단한다면 그는 더 나빠질 것이다. 하지만 그를 미래의 가능한 모습으로 바라보라. 그러면 그는 정말로 그런 사람이 될 것이다.
— 괴테(Goethe)

마음의 상처를 치료하는 방법

사람이면 누구나 상처를 주고받습니다.
아이로부터 상처를 받는 것처럼
나 또한 아이에게 많은 상처와 아픔을 주기도 합니다.
상처를 남겨두고 그 위에 또 다른 상처가 모이면
마음의 병이 생기고, 불안과 부적응
심지어 정신질환에 이르기도 합니다.
그 상처는 무엇으로 어떻게 치료해야 할까요?
사실 그 방법은 간단합니다.
내 아이에게 생긴 그 상처의 마음을
그대로 온전히 알아주면 됩니다.
조언이나 치료가 아닌
아이의 아픈 마음을 안아주고,
보듬어주면 됩니다.

가장 배우기 어려운 교훈은 우리에게 상처를 안겨준 자들을 용서하는 것이다.
— 조지프 제이콥스(Joseph Jacobs)

내성적인 아이를 대하는 부모의 태도

내성적인 아이를 외향적인 아이로
일부러 바꾸려 하지 마세요.
내성적인 아이는 생각이나 감정을
직설적으로 표현하지 않습니다.
한 번 더 생각한 후에야 조심스레 내뱉는 경우가 많습니다.
"발표하는 게 뭐가 어려워."
"누구나 할 수 있는 일을 넌 왜 못해?"
이렇게 말한다면 내성적인 아이는 자신감을 잃습니다.
위축되고 마음속으로 불안감을 키웁니다.
내성적인 아이를 함부로 바꾸려 하지 마세요.
빌 게이츠, 스티브 잡스, 링컨, 에디슨 모두
어릴 때 내성적인 성격으로 유명했던 인물입니다.
내성적인 성향이 주는 최고의 가치는
스스로 생각하는 힘을 기를 수 있다는 것입니다.

최고 성과를 거둔 기업의 공통점을 조사해보니, 모두 조용하고 신중하며 절제력 있는
내성적인 CEO가 있다. ― 짐 콜린스(Jim Collins)

아이와의 대화법을 바꿔보세요

말 안 듣는 내 아이, 무엇이 문제일까요?
부부 사이에서 어려움을 겪는 대부분은
성격의 차이가 아닌 대화 기술의 문제인 것처럼
부모와 자녀 관계의 문제도
아이의 성격이나 기질의 문제가 아닌
대화를 이끌어가고, 대화를 이어나가는
문제일 가능성이 높습니다.
아이에 대한 편견을 버리고,
그 원인을 대화법에서 찾으며
<u>스스로</u> 변화하려는 노력을 기울여보세요.

말을 시작하기 전에 반드시 생각할 시간을 가져라. 그리하여 당신이 지금 하고자 하는 말이 말할 가치가 있는지, 무익한 말인지, 누군가를 해칠 염려가 없는지 어떤지 잘 생각해보라. — 톨스토이(Tolstoy)

APR 13

 아이에게 상처가 되는 말

아이에게 상처가 되는 말에는 어떤 것이 있을까요?

비난: "넌 왜 그렇게 하니?"
질책: "엄마가 하라고 했어 안 했어?"
모욕: "넌 생각이 있니 없니?"
비교: "다른 애들은 다 잘하는데 왜 그러니?"
협박: "이번에 시험 못 보면 용돈 없어."
책임 전가: "네 일이니까 네가 알아서 해."

여러분은 오늘 하루 아이와 어떤 대화를 나누었나요?

아이가 따라 하지 않기를 바라는 행동은 절대로 아이 앞에서 하지 않는다.
— 존 로크(John Locke)

아이의 감정을 키우는 세 가지 대화법

어떤 상황, 기분, 마음이냐에 따라
대화의 방법이나 기술은 달라질 것입니다.
아이는 감정을 통해 세상을 봅니다.
어떤 세상을 보여줄지는 부모의 몫입니다.
어떻게 대화하는 것이 좋을까요?
첫째, 아이의 감정을 느낄 수 있어야 합니다.
슬퍼하는지, 속상한지, 화가 났는지 그 마음을 느껴야 합니다.
둘째, 아이의 감정을 들어주고 공감하며 경청해야 합니다.
그러면 아이는 부모가 내 감정을 알고 같은 마음을 느낀다고 생각해
자신의 감정을 솔직히 말합니다.
셋째, 아이가 자신의 감정을 표현하도록 도와야 합니다.
두려움, 슬픔, 걱정, 화남 등 솔직한 감정을
아이 스스로 표현하도록 도와야 합니다.
부모 또한 그 감정이 무엇인지 물어도 좋습니다.
그런 다음 해결책에 대해 함께 의견을 나누고
아이 스스로 선택하도록 도와야 합니다.

아이들에게 조언하는 가장 좋은 방법은 아이들이 무엇을 원하는지 알아내 그것을 하라고 조언하는 것이다. — 해리 트루먼(Harry Truman)

아이를 너무 쉽게 평가하지 마세요

"너는 말 주변이 없어."
"원래 숫기가 없어 다른 사람 앞에서 말을 잘 못해."
"애가 머리는 좋은데 노력을 하지 않아."
이런 말들을 너무 쉽게 주변 사람들에게 합니다.
아이와 함께 있는 순간에도 너무 쉽게 평가해버립니다.
부모는 아이를 평가하는 존재가 아닙니다.
또한 주변 얘기를 듣고 부모가 스스로 결정할 뿐
아이 의견은 쉽게 배제하는 경우도 있습니다.
"요즘 ○○학원이 좋대. 내가 벌써 등록해놓았으니
내일부터 꼭 다녀야해!"
그렇게 결정한 일에 아이는 과연 행복해할까요?
아이의 생각을 묻고
스스로 필요성을 인식할 때 시작해도 늦지 않습니다.
부모는 아이의 생각을 결정하는 존재가 아닙니다.

초등학교 시기에 부모는 아이의 격려자가 되어야 합니다. 행동의 주체는 아이이고, 부모는 그냥 뒤에서 격려만 해주면 됩니다.— EBS 제작팀, 《마더쇼크》 중에서

질문하는 아이를 친절하게 대해주세요

아이가 언어를 사용하면서 세상에 대해
알아가고자 하는 궁금증이 폭발합니다.
가끔은 부모가 지쳐버릴 지경에 이릅니다.
질문은 아이의 사고 수준과 내면의 변화를 보여줍니다.
어른들의 대답은 아이의 호기심을 충족시키는 동시에
또 다른 호기심을 불러옵니다.
아이가 아는 단어로 간단하고 구체적으로 대답하고,
아이와 지식을 나누는 행복을 공유하면 좋습니다.
질문에 대해 함께 답을 찾아보거나,
모르겠으면 "잘 모르겠네"라는 대답도 괜찮습니다.
말도 안 되는 질문으로 이어져서 말장난이 되어버린다면,
"그만! 다음 질문은 내일 하자!"라고 말하는 편이 좋습니다.
아이가 자랄수록 성숙한 질문을 할 때는
이해할 수 있는 말로 솔직하게 이야기하는 것이 좋습니다.
정답이 없거나 가치 판단이 필요한 경우라면
가끔은 아이가 호기심을 보이는 것을 기회로 삼는 게 좋습니다.
"너는 어떻게 생각하니?"
"어떻게 하면 문제를 해결할 수 있을까?"
위의 질문을 통해 아이의 사고력과 이해력을 점검해보세요.

정확한 답을 찾으려면 우선 정확한 질문을 해야 한다. — 토빈 웹스터(Tobin Webster)

쉽게 도전할 수 있는 과제를 내주세요

부모에게서 떨어지는 것이 두려운 아이.
다른 아이와 함께 노는 것이 싫은 아이.
다른 사람 앞에서 말 한마디 못하는 아이.
부모에게는 아주 쉬운 일이지만
아이에게는 엄청나게 큰 도전 과제일 수 있습니다.
성격에 따라 쉽게 도전하는 아이가 있는가 하면
많은 시간과 노력이 필요한 아이가 있습니다.
이런 아이에게는 몇 단계로 나눠
스스로 해볼 수 있는 기회를 주면 어떨까요?
예를 들어 다른 사람 앞에서 말하기에 어려움을 느끼는
아이가 있다면 먼저 말할 내용을 적게 합니다.
그런 다음 거울 앞에서 스스로 말해보고
가족들 앞에서 연습해보게 합니다.
이런 과정을 통해 아이는 자신감과 용기를 얻을 수 있습니다.
아이에게 문제가 생기면
쉽게 도전할 수 있는 과제부터 내줘보세요.

이 세상에 위대한 사람은 없다. 단지 평범한 사람들이 일어나 맞서는 위대한 도전이 있을 뿐이다. ― 윌리엄 홀시(William Halsey)

APR 18

 아이에게 자신감을 심어주세요

부모가 그런 것처럼
아이도 부모가 행복한 모습이기를 바랍니다.
그래서 부모를 기쁘게 하려고 합니다.
부모가 칭찬하면 그 행동을 더 하려고 합니다.
"와, 장난감 정리를 이렇게 잘했구나!"
"옷을 예쁘게 정리했네"라는 말을 들으면
아이는 다음에 더 잘하려고 노력합니다.
그러면 아이의 마음속에
스스로 하려는 능동성이 싹틉니다.
그러한 마음이 싹트면 그 후에는 스스로 쑥쑥 자랍니다.
아이의 행동, 언어, 공부 모두 마찬가지입니다.
아이의 마음속에 스스로 잘할 수 있다는 자신감을 담아주세요.

겸손해져라. 그것은 다른 사람에게 가장 불쾌감을 주지 않는 종류의 자신감이다.
— 쥘 르나르(Jules Renard)

아이에 대한 교육적 배려

대부분의 부모는 아이를 기존의 방법대로 교육하고 싶어 합니다.
현재의 교육 시스템에 맞춰 공부에만 집착하는 경우가 많습니다.
아이의 장점과 열정, 성격을 무시한 채
그냥 지금처럼 해오던 방식대로 양육하고 교육하고 싶어 합니다.
그것이 바람직한지, 아이에게 좋은 방법인지 모른 채
너무나 익숙하고 편하기 때문입니다.

아이 스스로 하고 싶어 하는 것을 할 수 있도록 배려해보면 어떨까요?
과학 또는 미술이나 음악, 수학 등
자기가 좋아하는 것을 능동적으로 계획하고 실천할 때
교육의 효과는 증대되고 성취 수준은 높아만 갑니다.
그러기 위해서는 끊임없이 아이의 의사와 생각을 존중하고
관심을 기울여야 합니다.
아이는 부모가 아닌 자기 자신일 때 더 행복합니다.

자녀를 키울 때 가장 힘든 일은 자녀에 대한 두려움보다 희망을 앞세우는 것이다.
— 엘런 굿맨(Ellen Goodman)

내 아이에 맞는 공부법 찾기

공부를 잘하느냐는 지능보다 공부 습관에 영향을 더 받습니다.
즉 타고나는 것보다 후천적인 노력에 의해 좌우됩니다.
어떻게 공부하는 것이 더 효과적인지,
어떻게 아이에게 맞는 공부법을 제공해줄지 고민해야 합니다.
내성적인 아이와 외향적인 아이는
공부법이 달라야 합니다.
내향적인 아이라면 혼자 조용히 공부하는 습관을 만들어가고
외향적인 아이라면 함께 이야기를 나누고
토의나 토론하는 습관을 만들어가는 것이 좋습니다.
내 아이가 가지고 있는 장점을 더욱 발휘할 수 있도록
공부 습관을 만들어가세요.

자신의 가족을 가르칠 수 없는 자는 남을 가르칠 수 없다. — 공자(孔子)

아이의 친구 관계를 키워주세요

상대를 배려하는 따뜻한 말투를 키우세요.
공격적인 말보다 따뜻한 말이
친구 관계에서 인정과 존중을 받습니다.
공동의 목표를 가질 수 있는 놀이를 유도하세요.
퀴즈 함께 풀기, 함께 협력하여 블럭 집 쌓기,
서로 도와가며 그림 그리기 등
혼자가 아닌 공동의 목표를 가진 놀이를 할 때
아이는 협동심을 기르고
또래와의 바람직한 관계를 만들어갑니다.

지혜자의 입은 은혜로우나 우매자의 입술은 자기를 삼키나니. — 성경

의도적이고 계획적인 관계를 만드세요

마음의 행복은
우연한 계기에 의해 만들어지기도 하지만
대부분은 의도적인 관계에서 자라납니다.
아이가 또래와 우정을 나누고
배려와 존중의 마음이 자라기를 바란다면
함께할 수 있는 기회와 시간을 만들어주세요.
가능하다면 지속적으로 관계를 맺을 수 있도록
일정 시간이나 요일을 정해 정기적으로
다른 아이와 함께하는 기회를 만들어주세요.
친구의 집을 정기적으로 방문하거나
생일 같은 여러 모임에 함께 참석할 수 있는 기회를 주세요.

인간의 기술과 능력은 성공에 15%의 영향을 미치는 반면, 인간관계와 공감 능력은 85%의 영향을 미친다. — 데일 카네기(Dale Carnegie)

APR
23

 아이와 좋은 우정을 나누세요

부모라면 누구나
아이가 좋은 친구를 만나 좋은 관계를 맺기 바랍니다.
혹시나 나쁜 친구와 함께할까봐 걱정이 앞섭니다.
하지만 아이는 다릅니다.
아이에겐 주변의 모든 아이가 친구입니다.
좋은 친구를 만나 관계를 맺는 것도 연습이 필요합니다.
유년 시기부터 부모와 놀이나 대화를 통해 연습하고,
또래와 적절한 교류를 맺을 기회를 만들어주세요.
부모끼리 좋은 관계를 맺는 것도
아이에게 바람직한 우정을 나누고 연습할 기회를 줄 수 있습니다.
내 아이가 나쁜 친구를 만날까 걱정하기보다
내가 좋은 친구인지 되돌아보세요.

친구는 제2의 자신이다. ― 아리스토텔레스(Aristoteles)

APR 24

 내 아이의 가장 친한 친구가 되고 싶습니다

아내는 오늘도 야근 중입니다.
여느 때처럼 딸아이와 도란도란 저녁을 먹습니다.
아이의 몸을 씻기고 고운 옷으로 갈아 입힙니다.
나도 샤워를 하기 위해 욕실로 들어갑니다.
온몸에 비누 거품을 묻힐 때 들려오는 딸아이 목소리.
겨우 눈만 헹구고 빠끔히 욕실 문을 엽니다.
내 오른팔 위에 커다란 코딱지 하나를 올려놓는 딸아이.
녀석은 배시시 웃으며 도망갑니다.
내 웃음도 배시시 아이를 따라갑니다.
딸아이에게 세상보다 큰 날개를 달아주고 싶습니다.
웃음과 행복을 함께 나누는 아빠가 되고 싶습니다.
부모는 아이에게 가장 가까운 친구이자
좋은 추억을 만들어주어야 합니다.

내가 끄덕일 때 똑같이 끄덕이는 친구는 필요 없다. 그런 건 내 그림자가 더 잘한다.
— 플루타르코스(Plutarchos)

유년기 아이에게 애착 형성이 중요한 이유

이 세상 가장 연약한 존재로 태어나기에
아이의 두뇌는 안전, 즉 생존을 가장 중요시합니다.
그래서 생존에 가장 영향을 미치는 부모와
생산적인 관계를 맺으려 합니다.
이를 다르게 표현하면 '애착'이라고 합니다.
유년기의 아이는 부모에 대한 세심한 관찰과
긴밀한 유대를 통해 안전을 인식하고 확인합니다.
그 기간 동안 적절한 관계를 형성하지 못하면
감정적인 상처에 시달릴 수 있고,
평생에 걸쳐 영향을 받을 수 있습니다.

부모는 그대에게 삶을 주고도 이제 당신의 삶까지 주려 한다.
— 척 팔라닉(Chuck Palahniuk)

아빠는 행복의 가장 중요한 요소

요즘 아빠 노릇, 참 어렵습니다.
가족사진에 없는 아빠의 존재가 늘어만 갑니다.
바쁘다는 이유로 함께하지 못하거나
사진을 촬영하는 존재이기에
정작 사진 속에 아빠는 존재하지 않을 때가 많습니다.
하지만 아빠는 아이의 외부, 규범, 사회와의
중요한 연결 고리입니다.
아이의 발달과 교육에 관심을 갖는 아빠는
성적 향상에 큰 도움이 됩니다.
또한 아빠는 행복의 가장 중요한 요소인
사회성을 발달시키는 데 큰 역할을 합니다.

100명의 스승보다 한 명의 아버지가 낫다. — 서양 속담

슈퍼맨 같은 아빠는 없어요

아이와 함께하는 시간,
아이와 함께하는 놀이,
아빠와 만들어가는 정서 교류도 없이
자연스럽고 당연하게
다정하고 사랑스러운 연인 같은 아빠,
아이의 문제를 해결해주는 슈퍼맨 같은 아빠가
될 거라는 기대를 하고 있지는 않나요?
아이와 함께 나누는 친밀감이나 정서적 공감 없이
아빠가 꿈꾸는 그때란 영원히 오지 않습니다.
아이가 더 자란 다음에, 내가 더 성공한 다음에
아빠 역할을 더 잘해야겠다는 것은
자신만의 생각에 그칠 뿐입니다.
지금 당장 아이의 손을 잡고
함께 달리며 추억을 함께 나누세요.

인생은 흘러가는 것이 아니라 채워지는 것이다. 우리는 하루하루를 보내는 것이 아니라 내가 가진 무엇으로 채워가는 것이다. ― 존 러스킨(John Ruskin)

아이에게 운동 습관을 선물하세요

아이에게 규칙적인 운동 습관을 들이면
평생 가는 운동 습관을 갖게 할 수 있습니다.
또한 자기 충동 조절 능력을 향상시킬 수 있고,
더 나아가 함께 운동을 한다면
부모의 모습을 보며 모방 효과까지 더해
커서도 활동적이고 건강한 생활을 누릴 가능성이 높고
스스로 삶을 즐길 줄 아는 동기를 부여해줍니다.
이는 부모가 아이에게 줄 수 있는 또 하나의 최고 선물입니다.
일주일에 서너 차례 아이와 약속을 정해
함께하는 놀이나 운동 습관을 만들어가세요.

건강한 몸을 만들고 싶다면 떠들지 말고, 30분이라도 체육관으로 가서 몸으로 떠들어라. — 제이슨 스테이섬(Jason Statham)

초등학교 시기가 중요한 이유

사람과 사람 사이의 새로운 규칙을 배우고,
관계를 넓히는 데 아주 중요한 시기가 초등학교 때입니다.
수학 한 문제, 영어 단어 몇 개가 중요한 것이 아닙니다.
아이 자신의 일에 행복감을 느끼고,
스스로 동기 부여를 할 수 있고,
많은 대인관계를 통해 우정을 쌓고
공정한 경쟁을 배울 수 있는 방법을 만들어줘야 합니다.
아이는 이를 통해 평생을 살아갈 수 있는
귀중한 자산을 얻게 됩니다.
아이는 부모가 보여주는 행동을 보고 자랍니다.
그리고 초등학교 시기에 더 넓은 관계를 통해
내면의 힘을 키웁니다.

많은 부모가 아이에게 좋은 공부 환경을 주기 위해 경제적으로 부족하지 않게 해주려고 한다. 하지만 더 중요한 부모의 역할은 '아이의 마음을 읽어주는 것'이다.
— EBS 제작팀, 《EBS 60분 부모》 중에서

아이의 마음을 안아주세요

아이는 아직 어립니다.
그래서 실수투성이, 말썽꾸러기, 고집불통입니다.
아이의 세계는 아직 작습니다.
아이가 먼저이고, 아이가 세상의 중심입니다.
그래서 다른 사람을 생각하지 못할 때가 많습니다.
아이이기 때문에 당연한 일입니다.
너무나 자연스러운 자연의 순리입니다.
가르치기보다 먼저 아이의 마음을 읽어주세요.
아이의 마음을 안아주세요.
내 아이처럼,
세상의 모든 아이가 그랬던 것처럼
나 또한 그랬으니까요.

어른들은 누구나 처음엔 어린이였어. 그러나 그것을 기억하는 어른은 별로 없어.
— 생텍쥐페리, 《어린 왕자》 중에서

5월
MAY

아이에게 부과하는 규칙의 수는 최소한으로 한다.
규칙을 너무 많이 정할 경우 너무 자주 벌을 주거나
규칙을 어겨도 처벌하지 않고 넘어가게 된다.
아이가 따라 하지 않기를 바라는 행동은
절대로 아이 앞에서 하지 않는다.
— 존 로크, 《교육론》 중에서

5월의 탄생화

1일: 황화구륜초(Cowslip) - 젊은 날의 슬픔
2일: 미나리아재비(Butter Cup) - 천진난만함
3일: 민들레(Dandelion) - 신탁
4일: 딸기(Strawberry) - 존중과 애정
5일: 은방울꽃(May lily) - 섬세함
6일: 비단향나무꽃(Stock) - 영원한 아름다움
7일: 딸기(Strawberry) - 사랑과 존경
8일: 수련(Water Lily) - 청순한 마음
9일: 겹벚꽃(Prunus) - 정숙, 단아함
10일: 꽃창포(Flag Iris) - 우아한 마음
11일: 사과(Apple) - 유혹
12일: 라일락(Lilac) - 사랑의 싹
13일: 산사나무(Hawthorn) - 유일한 사랑
14일: 매발톱꽃(Columbine) - 승리의 맹세
15일: 물망초(Forget-me-not) - 나를 잊지 말아요
16일: 조팝나물(Hieracium) - 선언
17일: 노랑튤립(Tulipa) - 사랑의 표시
18일: 옥슬립앵초(Oxlip) - 첫사랑
19일: 아리스타타(Aristata) - 아름다움의 소유자
20일: 괭이밥(Wood Sorrel) - 빛나는 마음
21일: 담홍색참제비고깔(Larkspur) - 자유
22일: 귀고리꽃(Ear Drops) - 열렬한 마음
23일: 풀의싹(Leaf Buds) - 첫사랑의 추억
24일: 헬리오트로프(Heliotrope) - 사랑이여 영원하라
25일: 삼색제비꽃(Pansy) - 순애
26일: 올리브나무(Olive) - 평화
27일: 데이지(Daisy) - 순수한 마음
28일: 박하(Mint) - 미덕
29일: 토끼풀(Clover) - 쾌활
30일: 보랏빛라일락(Lilac) - 사랑의 싹이 트다
31일: 무릇(Scilla) - 강한 자제력

세상에서 가장 효과적인 학습법

이 세상에서 가장 효과적인 학습법 중 하나가 반복입니다.
학습과 기억은 반비례합니다.
감소하는 기억을 보존하기 위해서는
주기에 따라 적절한 시점에 복습이 필요합니다.
공부를 하고 난 직후부터 망각은 빠른 속도로 진행됩니다.
최초로 인간의 기억 능력을 과학적으로 연구한 헤르만 에빙하우스.
학습을 하고 20분 후에 남아 있는 기억은 약 58% 정도밖에 안 되며
한 달이 지나면 학습량의 21%밖에 기억을 하지 못한다고 합니다.
효과적인 반복에 관한 이론은 최근에도 여전히 주목받고 있습니다.
공부한 내용을 기억하기 위해 복습할 때
효율적인 주기를 활용하면 학습에 훨씬 좋습니다.
하지만 모든 내용에 대해 반복 학습할 필요는 없습니다.
어떤 지식은 한 번 학습으로 충분하기도 하고,
아이에 따라 여러 번 반복해야 하는 경우도 있습니다.
어떤 개념과 원리를 익히거나 원인과 결과 등
스스로 정리할 필요가 있는 수학이나 과학 등의 교과목은
그날 배웠던 공부 내용을 그날 스스로 정리하면 좋습니다.
반복의 힘은 생각보다 위대합니다.

남에게 감명 주는 말을 하고자 한다면 끊임없이 연습하라. 가장 효과적인 연습은 자신의 생각을 종이에 써서 암기한 뒤 되풀이 반복하는 것이다.
— 토머스 쿠퍼(Thomas Cooper)

MAY 2

 지금 바로 아이의 손을 잡으세요

죽음을 앞둔 순간,
사람들이 가장 많이 하는 말은 뭘까요?
바로 '손'이라고 합니다.
어렵고 힘들 때 사랑하는 사람의 손을
필요로 하는 건 아이도 마찬가지입니다.
아이와 함께하는 순간,
아쉬움과 후회가 남지 않도록
손을 꼭 잡아 주세요.

사랑은 가장 가까운 사람, 가족을 돌보는 것에서부터 시작된다.
— 마더 테레사(Mother Theresa)

이른 시기의 경험이 중요합니다

식지 않는 조기 교육 열풍.
그에 못지않게 강조되는 적기 교육.
무엇이 더 중요한지 고민할 때가 많습니다.
교육 맘이라면 조기 교육과 적기 교육을
함께 가져가는 것이 현명한 선택입니다.
언어는 발달 초기가 매우 중요합니다.
시기보다 더욱 중요한 것은
어떤 방법과 환경을 제공해주느냐입니다.
올바른 방법과 환경이라면
조기 교육은 이제 더 이상 논하는 것이
무의미할 정도로 우리 사회에 널리 퍼져 있습니다.

조기 교육을 일종의 즐거움이 되게 하라. 그리하면 타고난 소질을 더 잘 발견할 수 있을 것이다. — 플라톤(Platon)

내 아이의 행복보다 중요한 것은 없습니다

부모에게 가장 중요한 것은
현재 내 아이의 행복입니다.
아이를 행복하게 해주는 것이
부모의 가장 큰 역할입니다.
성적보다는 아이가 즐겁게 학교에 다니는지,
행복한 마음을 갖느냐가 더욱 중요합니다.
아이의 공부가, 아이의 마음이 힘들고 괴롭다면
행복한 미래는 찾아오기 힘들 것입니다.
아이의 공부보다
아이가 진심으로 좋아하는 그 무엇을 찾아서
행복한 현재를 즐기기를 희망합니다.
공부로 성공하는 아이가 있는가 하면
좋아하고 잘하는 것을 찾아
자신의 능력을 꽃피우는 아이도 있습니다.
내 아이가 어디에 머무를 때, 어디와 맞닿아 있을 때
행복을 꿈꾸는지가 중요합니다.

사랑이란 자기희생이다. 이것은 우연에 의존하지 않는 유일한 행복이다.
― 톨스토이(Tolstoy)

아이들이 생각하는 친구와 우정

초등학교 입학 전에는 '우정'이란 놀이 친구 관계입니다.
이때의 우정은 감정이나 욕구에 좌우되기 쉽고
함께 놀며 물건을 같이 사용하는 정도의 가치로 여깁니다.
그러므로 금방 친해지기도 하고 쉽게 잊기도 합니다.
초등 저학년 시기 아이들은 자신을 도와주는 사람을 친구로 여깁니다.
이때의 아이들은 친구가 갖지 못한 것을
함께 나누는 것을 우정이라고 생각합니다.
또한 서로 똑같이 나누어 갖는 유사성을 강조하고
자신의 생각과 느낌, 관심사를 나눕니다.
학년이 높아지면서 단지 무엇을 하는 것 이상의 느낌을
지속적이고 체계적이고 헌신적인 관계로 여깁니다.
특별히 친근하게 유대 관계를 형성하고, 심지어 배타성까지 띠게 됩니다.
친구 집단도 점차 잘 조직화하고 결속력이 강해집니다.
타인의 동기와 의도를 더 많이 이해하고
친구의 필요성과 요구를 잘 감지하고,
적절히 반응하는 능력을 키워갑니다.
초등 중학년까지 우정의 개념을 내면화하지 못하면
청소년기나 성인기에 사회적 관계를 맺는 데 어려움을 겪기도 합니다.

타인과 함께, 타인을 통해서 협력할 때에야 비로소 위대한 것이 탄생한다.
— 생텍쥐페리(Saint Exupery)

아이의 눈에는 여러분이 최고의 부모

아이의 눈엔 여러분이 최고의 부모입니다.
아이는 단지 자신의 아빠 엄마이기 때문에 좋아합니다.
어떤 조건도 이유도 없습니다.
아이들의 관심과 사랑을 외면하지 마세요.
칭찬과 격려를 보내주세요.
아이들은 부모를 통해 행복을 얻습니다.

자주 칭찬받는 아이는 자주 책망받는 아이보다 지능이 더 발달한다. 칭찬에는 창조적 요소가 있음에 틀림없다. ― 토머스 드라이어(Thomas Dreier)

아이에게 어떤 추억을 선물하고 있나요?

부모는 아이의 추억이 됩니다.
여러분의 유년 시절을 추억해보세요.
함께 자전거를 타거나
함께 여행을 가거나
함께 손을 잡고 놀이 공원을 갔던,
부모가 만들어준 소중한 기억을 간직하고 있을 거예요.
당신이 만들어준, 아이와 함께하는 소중한 기억은
아이가 어른이 되어 추억할 것입니다.
부모와 함께한 추억이 많은 아이가 행복한 아이입니다.

행복은 네가 경험하는 것이 아니라 네가 기억하는 것이다.
— 오스카 레번트(Oscar Levant)

부모와 함께하는 시간

아이 교육의 시작은
아이가 무엇에 관심 있는지,
아이가 무엇을 좋아하는지,
아이가 무슨 생각을 하는지 아는 것입니다.
그러기 위해서는 아이와 함께 많은 시간을
보내야 합니다.
아이는 부모와 함께하는 시간을 통해서
자신이 가치 있고 소중한 사람이라는 것을 느낍니다.

아이들과 함께 노는 시간은 절대 낭비가 아니다. — 서양 속담

아이와 함께하는 놀이의 힘

자전거 타기,
인라인스케이트 타기,
줄넘기,
배드민턴,
분수대 뛰어들기,
물총 싸움,
썰매 타기,
카드나 수많은 게임 도구 등등
특별한 날이 아니라도
아이와 함께하는 놀이를 해주세요.
놀이는 아이를 더 창의적으로 만듭니다.
언어 능력과 문제 해결력을 키우며
신체 및 게임 활동을 통해 스트레스를 해소해줍니다.
또한 기억력과 다른 사람과의 관계 형성에도 큰 영향을 미칩니다.

인간은 놀이를 즐기고 있을 때만 완전한 인간이다.
— 프리드리히 실러(Friedrich Schiller)

아이를 변화시키겠다는 생각

아이를 변화시키려는 부모는
하루에도 수차례 아이에게 조언하고, 명령합니다.
하지만 아이는 그러한 존재가 아닙니다.
나를 변화시킬 수 있는 것은 나뿐인 것처럼
아이를 변화시킬 수 있는 사람은 아이뿐입니다.
근본적으로 타인을 바꾸는 일은 불가능합니다.
부모는 아이와 관계를 맺으며 살아갑니다.
부모가 바뀌면 비록 당장은 아니지만
결과적으로 내 아이와의 관계도 바뀌기 시작합니다.

인생에서 가장 중요한 교육 수단은 부모의 모습이다. — 빌 코스비(Bill Cosby)

MAY 11

 늘 혼자 있는 아이

수업 시간이면 선생님 얼굴을 잘 보지 못하는 건우.
선생님의 눈치를 보며 늘 작은 물건을 손으로 매만집니다.
가끔은 지우개 가루를 길게 만들거나
테이프를 뜯어 연필에 말기도 하고
멍하니 다른 곳을 쳐다보기도 합니다.
공부에 집중하지 못하는 건우는 수업 시간에도 참여하지 못합니다.
선생님의 지적과 야단에 공부 시간이 즐겁지 않습니다.
건우는 쉬는 시간에도 다른 또래와 잘 어울리지 못합니다.
늘 무언가에 빠져 만지거나 조작하며 혼자 시간을 보냅니다.
모둠 활동이나 신체 활동이 즐겁지 않아 자꾸 피하려 합니다.
건우는 친구를 만나는 것도,
선생님을 만나는 것도 그리 행복하지 않습니다.
얼굴 표정이 어색해지고, 말에도 자신감이 사라집니다.
건우는 집에서 늘 혼자 무엇을 합니다.
부모는 동생들을 돌보느라, 집안일을 하느라
건우와 함께하는 시간이 거의 없습니다.
또 뭐든 건우 혼자 알아서 하길 바랍니다.
건우는 밤이면 혼자 두세 시간 스마트폰에 빠져 삽니다.
건우 스스로 할 수 있는 일들이 사라져만 갑니다.

모든 방종은 자멸의 첫걸음이다. 그것은 기둥 밑을 흐르는 눈에 띄지 않는 물이다.
— 윌리엄 블레이크(William Blake)

불안한 아이를 만드는 부모

선생님을 만나면 혼이 날까 걱정하는 아이가 있습니다.
발표하면 친구들이 웃을까 걱정하는 아이가 있습니다.
달리기를 하면 넘어질까 걱정하는 아이가 있습니다.
친구가 함께 놀아주지 않을까 걱정하는 아이가 있습니다.
무엇이 이렇게 아이의 불안을 키우는 걸까요?
아이의 반응에 적절한 반응이나 기대를 보이지 않는 부모입니다.
아이의 반응에 짜증을 내거나 무시하는 일관적이지 않은 부모입니다.
불안한 부모가 불안한 아이를 만듭니다.

미래는 현재 우리가 무엇을 하는가에 달려 있다. — 간디(Gandhi)

 진짜 악당

캘리포니아대 어바인 캠퍼스 연구진은
스마트폰 사용 등으로 지속적이지 못하고 혼란스러운
'모성적 돌봄'은 아이 두뇌의 적절한 발달을 방해해
정서적 장애로 이어질 수 있음을 발견합니다.
스마트폰을 통한 메시지나 게임, 전화 통화 등이
일정하지 못하고 혼란스러운 모성적 돌봄으로 이어지고,
이것이 우울이나 약물 등 정서적 악영향을 미친다고 강조합니다.
아이는 생활 속에서 즐거움을 느끼지 못하고,
행복하다는 마음과 정서를 느끼지 못하게 됩니다.
이미 우리 사회의 필수품인 스마트폰 사용 문제는
하루 이틀의 문제가 아닙니다.
아기를 돌보거나 아이를 양육, 교육한다면
일관되고, 예측 가능한 부모의 모습을 보일 수 있도록
스마트폰 사용을 자제해야 합니다.

아무리 주의를 주어도 스마트폰을 놓지 못한다면, 아이를 주시하고 나무라는 대신
아이의 가장 가까운 타자인 부모 자신을 가만히 돌아보는 것부터 시작해보자.
— 윤명희,《중독은 없다》중에서

변화를 즐거워하는 인생

아이는 변화를 겁내지 않고
무엇이든 도전해보는 존재로 태어납니다.
하지만 부모에 따라
변화를 즐거워하는 인생을 살기도 하고
변화를 두려워하는 인생을 살기도 합니다.

역경을 넘어서기 위해서는 분명 인내와 지속적인 노력도 필요하다. 하지만 가장 중요한 것은 아이가 자신에게 과제를 달성할 능력이 있다는 자신감을 갖도록 돕는 것이다. ― 기시미 이치로, 《아들러 심리학을 읽는 밤》 중에서

도전이 두려운 아이로 키우는 부모의 말

"아직 어리니까 엄마가 해줄게!"
"네 생각이 틀린 거야, 사과해."
"넌 운동에는 소질이 없어."
"물에 가까이 가지 마. 빠지면 어쩌려고?"
"공부나 열심히 해. 딴생각하지 말고."
"하지 마. 다치면 병원비 더 들어."
"뭐 벌써부터 그런 것을 하려고."

우리 모두는 아이들에게 준 것보다 더 많은 빚을 갖고 있다는 것을 깨달아야 한다.
— 힐러리 클린턴(Hillary Clinton)

자신을 먼저 사랑하기

우리가 꿈꾸는 성장이나 행복에 방해되는 것들
대부분은 내 안에서 만들어집니다.
사랑받을 만한 가치가 없다고,
잘할 수 없을 거라고,
난 항상 불행하다고,
내 안에 나를 가두어버립니다.
자기를 사랑하는 마음이 먼저입니다.
잘할 수 있을 거라는 마음이 먼저입니다.
가치 있는 사람이라는 마음이 먼저입니다.
자신을 사랑할 줄 아는 사람이
남을 사랑할 줄 압니다.

불행의 원인은 늘 나 자신이다. 몸이 굽으면 그림자도 굽으니 어찌 그림자 굽은 것만
한탄할 것인가! 나 외에는 아무도 나의 불행을 치료해줄 사람이 없다.
— 블레즈 파스칼(Blaise Pascal)

MAY 17

 내 아이가 자주 하는 말에 귀기울이세요

"난 내가 정말 좋아."
이런 말을 자주 하는 아이는 사람들에게 사랑받습니다.
"난 반드시 할 수 있어."
이런 말을 자주 하는 아이는 시작하면 끝을 봅니다.
"난 꼭 필요한 사람이야."
이런 말을 자주 하는 아이는 성실합니다.
긍정적인 말을 자주 하는 아이는 긍정적이 되고
부정적인 말을 자주 하는 아이는 부정적이 됩니다.
내 아이가 자주 하는 말을 유심히 들어보면
지금의 내 아이 심리 상태를 잘 알 수 있습니다.
내 아이가 어떤 말을 자주 하는지 체크해보세요.

말은 생각의 옷이다. — 새뮤얼 존슨(Samuel Johnson)

감정과 정서의 영향을 받는 아이의 뇌

우리 뇌의 기억 저장소를 '해마'라고 합니다.
우리가 느끼는 기쁨, 슬픔, 두려움, 화 등은
감정을 담당하는 편도체를 거쳐 해마에 저장됩니다.
즉 우리의 기억에 저장되는 정보는
감정과 정서의 영향을 많이 받는 것입니다.
아이가 어떤 감정과 정서를 가지고 정보를
저장하느냐가 중요합니다.
기쁨과 슬픔의 감정 중 어떤 정보가
우리의 뇌에 더 잘 저장될까요?
기쁨의 감정을 통해 저장된 정보가 많을수록
더 잘 기억하고, 더 행복한 사람이 됩니다.

노력을 들인 학습은 뇌를 변화시키며, 새로운 연결을 형성하고 역량을 키운다.
— 헨리 뢰디거(Henry Roediger)

MAY
19

 내 아이는 어떤 핵심 기억을 가지고 있을까요?

사람은 오감을 통해 여러 가지를 경험하고 기억을 저장합니다.
사람들의 기억 중 대부분은 감정이 배제된 것입니다.
즉 밥을 먹었고, 여행을 갔고, 졸업을 했다는 식의
절차적 기억이 대부분입니다.
하지만 특별한 기억 중에는 감정이 분리되지 않은 채
당시의 기쁨이나 슬픔, 분노 등을 떠오르게 만드는데
이를 '핵심 기억(core memory)'이라고 합니다.
핵심 기억은 행복한 것일 수 있고,
트라우마처럼 고통스러운 것일 수도 있습니다.
이러한 핵심 기억이 아이의 성격을 형성하는 아주 중요한 요소입니다.
내 아이는 어떤 감정과 연결된 핵심 기억을 갖고 있을까요?
그리고 어떤 성격을 만들어가고 있을까요?
모든 감정이 아이에게 필요하지만
행복을 동반한 핵심 기억이 더 나은 성격을 만들어갑니다.

어릴 때 엄하게 가르쳐야 하나, 아이가 무서워하는 일이 있어선 안 된다.
— 탈무드(Talmud)

노력하는 부모가 아름답습니다

요즘은 좋은 역할에 최선을 다하는 부모가 많습니다.
아이에게 모든 시간을 맞춰 가족이 움직이고,
아이에게 더 좋은 책, 더 좋은 장난감을 선물하고
자기 시간까지 포기해가며
완벽한 부모가 되려는 경우도 있습니다.
부모가 완벽하면 할수록
내 아이에게 완벽한 인간을 기대할지도 모릅니다.
부모 역할을 너무 지나치게 하는 것도 바람직하지 않습니다.
그런 부모라면 자신의 삶을 보살필 시간과 기회가 부족하고
또 지치게 마련입니다.
나 스스로 불완전하지만 노력하는 부모이면 됩니다.
아이의 양육과 교육에서 실수와 시행착오를 인정하고
더 나은 부모가 되기를 위해 노력한다면 아름답지 않을까요?

자신의 가치를 사소하게 생각하는 아이는 학습에도 흥미를 느끼지 못하며 성인이 되어서도 재능을 펼칠 기회를 스스로 놓치기 쉽다. — 토니 험프리스(Tony Humphreys)

MAY 21

 아이에게 좋은 환경을 제공해주는 것

맹모삼천지교(孟母三遷之敎).
맹자의 어머니는 맹자를 위해 세 번 이사를 갑니다.
공동묘지 근처로 이사를 갔더니
맹자가 곡을 하며 놀고,
시장 근처로 이사 갔더니
맹자가 장사꾼 흉내를 내며 놀았습니다.
보다 못한 맹자 어머니가 학교 부근으로 이사하니
그때서야 맹자가 공부하는 흉내를 내면서 놀았습니다.
좋은 환경이 아이의 미래를 좌우하는 것은
맹자 시대뿐만이 아닙니다.
맹모삼천지교는 현대에서도 통용됩니다.
아이에게 좋은 환경을 제공해주는 것은
부모의 의무이자 미래에 대한 투자입니다.

환경은 나에게 주어지는 것이기도 하지만 내가 또 만들어가는 것이기도 하다.
— 혜민 스님

아이에 대한 믿음과 기대감

모를 손으로 하나하나 뽑아 벼가 빨리 자라기를 바라는
농부의 마음이 모를 말라 죽게 합니다.
부모가 아이를 교육할 때도 마찬가지입니다.
내 아이가 빨리 성장하길 바라고
다른 아이보다 더 좋은 능력을 보이길 희망하는 부모는
아이의 건강한 발달을 이끌어낼 수 없습니다.
아이 스스로 도전하도록
성공과 실패를 경험할 수 있도록 기다리는 것이 필요합니다.
그 기다림 안에는 믿음이 있어야 합니다.
아이가 내 기대에 어긋나지 않을 것이라는 믿음이 아니라
스스로 행복해지고 싶어하는 마음이 있을 것이라는 믿음입니다.

어린이를 불행하게 하는 가장 확실한 방법은 언제든지, 무엇이라도 손에 넣을 수 있게 내버려두는 것이다. — 루소(Rousseau)

MAY 23

 모든 곳에 사람의 이야기가 담겨 있어요

사람과 삶을 알지 못하면 생각하지 못하고
생각하지 못하면 어떻게 살아야 하는지 고민하지 못하고
어떻게 살아야 하는지 고민하지 못하면 인생이 보이지 않습니다.
인생이 들리지 않습니다.
책 한 권, 영화 한 편, 노래 한 곡에도
사람의 이야기가 담겨 있습니다.
행복한 삶은 무엇인지,
어떻게 행복한 삶을 만들어갈지
함께 이야기 나누고,
사색을 통해 깨달음을 얻는 것이
아이에게 주는 삶의 지혜이자 큰 기쁨 중 하나입니다.

뉴스는 문학이나 역사학처럼 '인생의 시뮬레이터'로 기능할 수 있다.
— 알랭 드 보통(Alain de Botton)

부모가 먼저 인문의 길을 걸어가세요

아이가 인문학적 소양과 능력을 갖길 바란다면
부모가 먼저 책 읽는 모습을 보여주어야 합니다.
아이는 부모를 보며 읽기 경험을 키웁니다.
책을 읽으면서 다른 사람의 인생을 알게 되고,
가보지 않은 길을 보게 됩니다.
어떤 삶을 살아가야 할지 생각하고
자신이 원하는 삶을 알게 됩니다.
부모가 먼저 인문학적 삶을 살아간다면
아이는 자연스럽게 인문학적 삶을 살아갑니다.

독서는 정신적으로 충실한 사람을 만든다. 사색은 사려 깊은 사람을 만든다. 그리고 논술은 확실한 사람을 만든다. — 벤저민 프랭클린(Benjamin Franklin)

아이와 함께 자라는 부모

세상을 다 살아보지 않았지만
세상은 내 뜻대로 움직이지 않습니다.
내 몸에서 나오고, 내 품을 떠날 줄 모르던 아이는
부모가 무엇인지 다 알기도 전에 조금씩 나를 떠나갑니다.
우리가 어느덧 부모가 되어 그랬듯이
아이 역시 언젠가는 나 없이도,
나와는 상관없이 삶을 살아가게 될 것입니다.
내가 인생을 다시 산다면 더 많은 것들을 느끼고 살아갈 것처럼
내가 다시 부모가 된다면 더 좋은 부모가 되고 싶습니다.
부모란 대단히 큰 존재라는 사실을 깨닫는 것.
하지만 어쩌면 대단한 존재가 아닐지도 모릅니다.
아이를 씻기고, 옷을 갈아입히고, 함께 밥을 먹는 것.
아이를 키운다는 것은 어찌 보면 무의미한 일들의 연속입니다.
그런 무의미한 일들이 쌓여 우리는
엄마가 되고, 아빠가 되는 것입니다.
누구도 부모로 태어나지 않습니다.
그렇게 우리는 부모가 되어가는 것입니다.
부모는 아이와 함께 자라는 존재인 것입니다.

사람은 서로 만나고 힘을 보태고 그리고 강해진다. 서로가 서로에게 힘이 되고 위안이 된다. 그리고 인생이 갑자기 아름다워진다. — 위기철,《아홉살 인생》중에서

MAY 26

 아이가 꿈꾸는 성공과 행복은 무엇일까요?

1학년 승연이는 일기에 '〈1박 2일〉을 보고,
〈개그 콘서트〉를 보고, 치킨을 먹고 잤다'고 적었습니다.
승연이네의 부모-아이 관계는
미래의 행복은 어찌 되든 그저 현재의
편하고 즐거운 삶을 추구하고 있습니다.
윤경이는 지나친 학원 스케줄과 과도한 과제로
무력증에 빠지고, 감정 표현에 어려움을 겪습니다.
그래서 결국 시골 학교로 전학을 결정합니다.
윤경이네는 미래의 행복이라는 가치를 위해
현재의 삶이 괴롭고 하루하루가 힘겹습니다.
매일 아침 아이의 살 냄새를 맡고,
아이와 눈빛을 맞추고, 미소를 전하는 천환이네.
아이와 함께 나누는 시간과 경험을 축복으로 여깁니다.
아이의 마음과 생각을 키우고, 지식을 키워나갑니다.
생을 살아간다는 것은
결국 나와 아이의 행복을 위해서입니다.
현재의 행복과 미래의 행복 중 무엇이 중요할까요?

행복하기 위해 살 수 없다면, 최소한 행복할 자격을 갖추기 위해 살자.
— 이마누엘 피히테(Immanuel Fichte)

맞벌이 가정을 위한 지혜

우리 사회에서 맞벌이 부부의 비중은 거의 50%에 이릅니다.
일하는 부모가 많다는 것은
현실에서 경제력을 요구하고,
부모의 자아실현도 소중한 가치라는 의미일 것입니다.
하지만 양육과 교육이라는 현실에 부딪히면 힘에 부칠 때가 많습니다.
아이가 둘 또는 셋이라면 정말 지칩니다.
엄마 혼자서는 힘들고 아빠도 함께해야 합니다.
두 사람이 함께할 수 없다면 최대한 지혜를 발휘하면 어떨까요?
아이와 함께하기 위한 시간을 만드는 게 먼저입니다.
설거지, 빨래, 음식물 버리기, 청소 등
이런 일들은 언제하면 좋을까요?
아이를 재우고 나서 가정 일을 돌본다면
아이와 함께하는 시간을 최대로 늘릴 수 있습니다.
특히 맞벌이 가정이라면 더더욱 지혜를 발휘하는 노력이 필요합니다.

좋은 아빠 엄마가 되려면 공부를 해야 한다. 좋은 아빠, 엄마는 타고난 것이 아니라 배워나가는 것이므로 어떻게 하면 좋은 아빠 엄마가 될 수 있을지 생각하며 마음가짐을 다져야 한다. ─ EBS 제작팀,《EBS 60분 부모》중에서

아이 스스로 의미를 찾는 일

아이는 자신이 의미를 부여한 일을 능동적으로 합니다.
예를 들어 기찻길을 만들거나 색칠하는 아이는
그 안에서 재미와 즐거움을 스스로 찾습니다.
아이들은 가끔 부모의 관점과 다르게
스스로 유목적적인 실천을 합니다.
이 세상에 존재하는 지식과 정보는
모두 주관적으로 해석되고 받아들여집니다.
어떤 객관적인 사실이 중요한 것이 아니라
그 사실에 대한 나의 관점과 생각이 중요합니다.
아이에게 공부나 습관, 독서 등 모든 일에서
자기 스스로 의미를 찾을 수 있도록 해주세요.

아이가 처한 상황을 아이의 눈으로 보라. — 알프레드 아들러(Alfred Adler)

아이에게 맞는 행동을 요구하세요

지나친 불안 속에서 자라는 아이는
소극적으로 행동하고 적극성이 부족합니다.
주변의 변화에 잘 적응하지 못하고
여러 병적인 현상이 나타나고 의존적인 아이가 되기 쉽습니다.
아이를 믿고 존중하며 기다려주세요.
아이 스스로 책가방을 정리할 수 있도록 함께 있어주세요.
작은 한 걸음에 큰 박수를 보내주세요.
혼자 자전거를 탔다면 크게 기뻐하고 자랑스러워해주세요.
다섯 살 아이에게는 다섯 살다운 행동을,
일곱 살 아이에게는 일곱 살다운 행동을 요구하세요.
아이를 객관적이고 긍정적으로 바라보세요.

칭찬은 좋은 식사이다. ― 새뮤얼 스마일스(Samuel Smiles)

부모 vs. 학부모

부모는 멀리 보라 하고
학부모는 앞만 보라 합니다.
부모는 함께 가라 하고
학부모는 앞서 가라 합니다.
부모는 꿈을 꾸라 하고
학부모는 꿈꿀 시간을 주지 않습니다.
당신은 부모입니까? 학부모입니까?
부모의 모습으로 돌아가는 길이 참된 교육의 시작입니다.
부모와 학부모는 서로 대립될 수 없습니다.
학부모는 부모의 여러 가지 역할 중 하나일 것입니다.
그만큼 우리 사회가 지나친 학부모 역할에 초점을 두고
있지는 않은지 생각해봅니다.
아이에게 공부할 수 있는 힘을 키워주는 것이 부모라면
공부하라고 말하는 것은 학부모이지 않을까요?

아버지가 아들에게, 부모가 자식에게 해줄 수 있는 것 중에 가장 좋은 것은 아름다운 추억을 만들어주는 일이다. ― 도종환

부모와 학부모 사이

자녀의 학교 생활에 얼마나 관심을 가지나요?
알림장이나 홈페이지, 그리고 아이를 통해 알게 되는
내용과 정보에는 한계가 있습니다.
부모가 학부모의 역할에 최선을 다해야 하는 이유가 있습니다.
첫째, 학부모 사이의 다양한 교육 정보를 알 수 있습니다.
학교에서 어떤 교육 활동을 하고 있는지,
어떻게 지도하고 대처해야 하는지를 알 수 있습니다.
둘째, 최신의 교육 정보를 통해 더 나은 교육을 실천할 수 있습니다.
셋째, 자신의 양육이나 교육에 대해 점검할 수 있는 계기가 됩니다.
무엇을 소홀히 하고 있는지,
다른 가정은 어떻게 교육하고 있는지 확인할 수 있습니다.
이를 통해 부족한 양육이나 교육을 점검할 수 있습니다.
넷째, 내 아이와 다른 아이를 알고 이해하는 데 도움이 됩니다.
학부모와 관계를 형성하면 함께할 수 있는 시간이 늘어나고
이는 아이의 사회성 관계 형성에 도움이 됩니다.
학교 교육을 알지 못하고 관심을 갖지 않을수록
아이는 더욱 학교와 배움에 거리가 멀어집니다.

부모가 화목하지 않은 가정에서 태어난 것은 당신 잘못이 아니다. 하지만 당신이 일군 가정이 화목하지 않은 것은 당신 잘못이다. ― 빌 게이츠(Bill Gates)

6월
JUNE

순간순간 우리들 앞에는
두 갈래 길이 열린다.
사랑과 두려움의 갈림길이.
두려움은 우리를 유혹하지만
사랑은 그저 기다릴 뿐이다.
— 현병호, 《우리 아이들은 안녕하십니까?》 중에서

6월의 탄생화

1일: 연분홍장미(Maiden Blush Rose) - 나의 마음 그대만이 아네
2일: 빨강매발톱꽃(Columbine) - 솔직
3일: 아마(Plax) - 감사
4일: 장미(Damaskrose) - 아름답게 빛나는 얼굴 모습
5일: 메리골드(Marigold) - 가련한 애정
6일: 노랑붓꽃(Yellow Water Flag) - 믿는 자의 행복
7일: 슈미트티아나(Schmidtiana) - 사모하는 마음
8일: 재스민(Jasmine) - 사랑스러움
9일: 스위트피(Sweet Pea) - 우아한 추억
10일: 수염패랭이꽃(Sweet William) - 의협심
11일: 중국패모(Fritillaria Thunbergii) - 위엄
12일: 레제다오도라타(Reseda Odorata) - 매력
13일: 디기탈리스(Fox Glove) - 가슴속의 생각
14일: 뚜껑별꽃(Anagallis) - 추상
15일: 카네이션(Carnation) - 정열
16일: 튜베로즈(Tube Rose) - 위험한 쾌락
17일: 토끼풀(Clover) - 감화
18일: 백리향(Thyme) - 용기
19일: 장미(Sweet Brier) - 사랑
20일: 꼬리풀(Speedwell) - 달성
21일: 달맞이꽃(Evening Primrose) - 자유스러운 마음
22일: 가막살나무(Vihurnum) - 사랑은 죽음보다 강하다
23일: 접시꽃(Holly Hock) - 열렬한 연애
24일: 버베나(Garden Verbena) - 가족의 화합
25일: 나팔꽃(Morning Glory) - 덧없는 사랑
26일: 하양라일락(Lilac) - 아름다운 맹세
27일: 시계꽃(Passion Flower) - 성스러운 사랑
28일: 제라늄(Geranium) - 그대가 있기에 행복이 있네
29일: 빨강제라늄(Geranium) - 그대가 있어 사랑이 있네
30일: 인동(Honey Suckle) - 사랑의 인연

공부의 배신보다 더 무서운 것

공부가 때론 아이를 배신할 수 있어요.
공부에 뛰어난 재능을 가진 아이도 있지만
그렇지 않은 아이도 있습니다.
아이가 잘하고 좋아하는 일을 찾으면 됩니다.
중요한 것은 공부나 기술 모두
끊임없이 노력하는 과정을 통해 성취할 수 있습니다.
공부의 배신보다 더욱 두려워해야 할 것이 있습니다.
그건 바로 안 된다는 믿음, 할 수 없다는 마음입니다.
한 번 그런 믿음이나 마음이 생기면 좀처럼 변하지 않습니다.
공부보다 마음의 배신이 더욱 무서운 것이 되기도 합니다.

자기 불신은 우리들이 실패하는 대부분의 원인이다.
— 어니스트 헤밍웨이(Ernest Hemingway)

아이들의 끊임없는 질문을 주목하세요

묻는다는 것은
지식을 탐구하려는 구체적 실천입니다.
묻는다는 것은 잘 듣고 있다는 것입니다.
묻는다는 것은 생각하고 있다는 것입니다.
학교에서 아이들의 수업 장면을 보면
그 아이의 공부 능력을 쉽게 알 수 있습니다.
공부 능력이 우수한 아이는
선생님이나 친구들의 이야기에 귀를 기울입니다.
그리고 머릿속으로 생각합니다.
마지막으로 내가 알고 있거나, 알고 싶어하는 것을
스스로 찾아내려고 노력합니다.
묻는다는 것을 열심히 듣고, 생각하고,
알아가려는 내면의 강력한 작용입니다.

아이들이 답이 있는 질문을 하기 시작하면 그들이 성장하고 있음을 알 수 있다.
— 존 J. 플럼프(John Plomp)

스스로 공부하는 아이를 이길 수 없습니다

스스로 공부하는 아이는
자기 내면에서 집중과 몰입을 경험합니다.
의무적으로 공부하는 아이는
자기 내면에서 강요와 의무감을 경험합니다.
부모는 아이의 성적을 올리기 위해
감시하고 조종하는 사람이 아닙니다.
의무감으로 공부하는 아이는 당장 성적이 좋을지 모르지만
결국 자율적으로 공부하는 아이를 이길 수 없습니다.
스스로 공부하고 집중할 수 있도록
적절한 환경을 만들고 함께해주세요.

존재하지 않는 것을 상상할 수 없다면 새로운 것을 만들어낼 수 없으며, 자신만의 세계를 창조하지 못하면 다른 사람이 묘사한 세계에 머무를 수밖에 없다.
— 폴 호건(Paul Hogan)

인문이 흐르는 삶

사람과 사람이 만나고 시간이 흐르면
많은 것이 만들어집니다.
생각이 자라고 그 생각을 표현하며,
역사와 문화가 생기고, 음악과 미술이 피어납니다.
인문이란 사람 속에서 시행착오, 성공 사례,
시대의 사상을 기록해놓은 우리의 수기입니다.
인문의 삶이란 이런 경험에서 출발합니다.
인문에 이르는 가장 바람직한 방법은 경험입니다.
하지만 자신이 경험하고 생각을 키우는 데는
시간과 공간의 제약이 있습니다.
경험이 주는 한계와 제약을 벗어나는 것은
무엇보다 배움을 구하는 자세와 태도에 달려 있습니다.

어린이의 배움은 쓰고 외우는 데 그칠 것이 아니라, 그 타고난 지혜와 재능을 길러야 한다. — 양문공(楊文公)

거실을 멋진 도서관으로 만들어보세요

비싸고 좋은 가구와
소파, TV로 가득 찬 거실이 아닌
책으로 향기를 채우는 거실을 만들어보세요.
아이가 갓 태어날 때부터
거실에 작은 책장을 만들어보세요.
아이가 초등학교에 들어갈 때쯤이면
그 거실은 작은 도서관이 될 겁니다.

독서할 때 당신은 항상 가장 좋은 친구와 함께 있다. ― 시드니 스미스(Sydney Smith)

JUN 6

 책을 선택할 때 고려해야 할 것들

아이에게 어떤 책을 골라줘야 할까요?
부모라면 누구나 한번쯤 하는 고민거립니다.
수많은 책 가운데
우리 아이에게 맞는 것을 고르기는 쉽지 않습니다.
책을 친근하게 여기고 즐거움을 느낄 수 있도록
아이의 수준을 고려해야 합니다.
관심과 흥미를 고려해야 합니다.
또 부모의 판단과 선택도 중요합니다.
이 세상에 나쁜 책이란 없습니다.
아이가 세상 많은 것들을 보고,
들을 수 있다면 모두 좋은 책입니다.
아이가 어리다면 부모의 선택을 더 중시하고
나이가 들면 아이의 선택을 격려하고 지지해주세요.
좋은 책을 아이가 어떻게 만나고, 어떻게 활용하느냐는
모두 여러분이 만들어갑니다.

세상은 한 권의 아름다운 책이다. 그러나 그 책을 읽을 수 없는 사람에게는 별 소용이 없다. ― 카를로 골도니(Carlo Goldoni)

책을 읽을 때 명심해야 할 것

사람마다 좋아하고 관심 있는 영역이 다릅니다.
문학, 역사, 철학 등 아이의 관심 분야부터 읽는 것이 좋습니다.
어려운 책보다는 쉽게 읽을 수 있는 것이 좋습니다.
아이에게 맞는 책을 골랐다면
늘 곁에 두고 읽도록 해주세요.
아무리 좋은 책이라도 한 번 읽고
내용을 완전히 이해하기는 힘듭니다.
특히 시간을 거슬러 살아남은 고전은 더욱 그렇습니다.
반복적으로 읽고 생각하면서 깨우치는 게 필요합니다.

내가 책을 읽을 때 눈으로만 보는 것 같지만 가끔씩 나에게 의미 있는 대목, 어쩌면 한 구절만이라도 우연히 발견하면 책은 나의 일부가 된다.
— 서머싯 몸(Somerset Maugham)

책을 읽으면 자라나는 것들

좋아하는 책을 찾아 읽으면
아이의 마음속에 긍정적인 태도가 자랍니다.
더 많은 책을 읽고자 하는 강한 동기가 자랍니다.
마음속에는 자신감이 자랍니다.
머릿속에는 기억력과 창의력이 자랍니다.
지식의 샘이 자랍니다.
철자법, 어휘력, 작문 능력 등
언어 능력이 크게 향상됩니다.
무엇보다 하나의 습관이 자랍니다.
이것이야말로 생의 가장 큰 축복 중 하나입니다.

지극한 즐거움은 책을 읽는 것만 한 것이 없고, 지극히 필요한 것은 자식을 가르치는 것만 한 것이 없다. — 명심보감(明心寶鑑)

아이와 함께 책을 읽어주세요

내 아이의 수준에 맞는 읽기 자료가 있어야 합니다.
가능하면 다양한 형태와 주제의 읽기 자료라면 더 좋습니다.
나중에 좋은 학원 보내려고 열심히 모으지 말고
가능하면 수입의 10%는 책을 구입하는 데 쓰세요.
내 아이의 수준을 모르겠다면 자신의 부모 역할을 되돌아보세요.
책을 읽는 시간 자체가 즐거움이어야 합니다.
집중하지 못한다고 아이를 탓하며
꾸중하고 야단치면
독서는 다시 하고 싶지 않은 일이 됩니다.
다음으로, 읽을 수 있는 시간이 있어야 합니다.
매일 정해진 때, 정해진 장소에서
책 읽는 즐거움, 마음을 나누는 즐거움이 함께해야 합니다.
처음에는 10분이나 20분이면 됩니다.
일주일이나 2주일에 5분씩 늘려나가면
6개월 후에는 한 시간도 짧게 느껴질 겁니다.

저절로 책을 좋아하게 되는 아이는 거의 없다. 누군가는 아이를 매혹적인 이야기의 세계로 끌어들여야 한다. 누군가는 아이에게 그 길을 가르쳐주어야 한다.
― 프레스콧(Prescott)

사람이 중심인 이야기

가르친다는 말의 선행 조건에는
가르침을 받는 대상이 배울 준비를 갖춰야 합니다.
아이는 준비가 되어 있지 않은데
부모가 너무 많은 것을 가르친다면 어떻게 될까요?
아마도 과부하가 걸리고,
실패를 자주 경험할 겁니다.
가르치는 일은 학교나 학원의 선생님에게 맡겨도 충분합니다.
아이와 함께 사람이 중심인 이야기를 나누고,
그 가치를 스스로 찾도록 하세요.

인생은 한 권의 책과 같다. 어리석은 이는 그것을 마구 넘겨버리지만, 현명한 이는 열심히 읽는다. 인생은 단 한 번만 읽을 수 있다는 것을 알기 때문이다.
— 상 파울루(Sao Paulo)

아이에게 인문학 교육이 필요한 이유

인문학은 사람의 가치와 관련된
언어, 문학, 예술, 철학, 역사 등 다양한 분야를 포함합니다.
아이 스스로 생각하는 힘을 기를 수 있는 교육이
바로 인문학입니다.
그렇다면 아이가 인문학을 꼭 해야 하는 것일까요?
무엇보다 인문학은 미래 사회를 살아갈 우리 아이들이
소중하고 가치 있는 삶을 추구하는 게
얼마나 중요한 일인지 깨닫는 데 꼭 필요합니다.
인문학을 통해 상상력, 창의력, 통찰력을 키울 수 있어요.
또 다양한 배경 지식과 사고력을 키울 수 있습니다.
문학, 고전, 철학, 미술 등 다양한 책을 읽음으로써
각 분야의 지식을 쌓고, 이를 통해 인지력을 키울 수 있습니다.
마지막으로 바람직한 인성 형성에도 도움을 줍니다.

다른 사람이 쓴 책을 읽는 일로 시간을 보내라. 다른 사람이 고생하면서 깨우친 것을
보고 쉽게 자신을 개선시킬 수 있다. ― 소크라테스(Socrates)

위대한 인물 뒤에는 위대한 부모

미혼모에 의해 버려진 아이, 그래서 입양된 아이.
새 부모는 아이가 스스로 잘할 수 있는 일과
즐거워하는 일에 시간을 보낼 수 있도록 도와주었습니다.
아이가 커서 대학에 갈 나이가 되자
그동안 저축해둔 돈을 털어 학비를 댔습니다.
아이는 훗날 기술 혁신의 아이콘인
애플을 창업하고 세계적인 부자가 되었습니다.
그의 이름은 스티브 잡스.
스티브 잡스는
무엇보다 자신이 하는 일을 사랑했고,
어려운 시련을 극복하고,
자신의 신념을 포기하지 않으며 미래를 꿈꾸었습니다.
또한 시간을 소중히 여기고 자신을 가꾸었습니다.
이러한 그의 신화 뒤에는 어릴 때부터 그를 믿고
끝까지 지지해준 양부모가 있었습니다.

당신에게 주어진 시간은 유한하다. 자신이 아닌 다른 사람의 삶을 사느라 시간을 낭비하지 말라. ─ 스티브 잡스(Steve Jobs)

불우한 가정 환경이란 없습니다

칠순인 할아버지와 열여섯 살 처녀가 동거해 낳은 자식.
아버지는 아이가 태어난 지 얼마 안 되어 죽었습니다.
어머니는 무당 일을 하다가 죽었습니다.
그렇게 공자는 열여섯 살에 고아가 되었습니다.
수많은 이복형제 틈에서 자라야 했던 프로이트.
미혼모에게 버림받고 버려져 양부모 품에서 자란 스티브 잡스.
위 세 사람에게는 공통점이 있습니다.
어린 시절 겪었던 갈등과 좌절을 이겨내고
인문학, 심리학, 첨단 기술 등 각 분야에서
뛰어난 업적과 발자취를 남겼다는 겁니다.
불우한 가정 환경이란 없습니다.
진흙탕 연못 속에서도 아름다운 연꽃이 피어납니다.

불운을 극복하는 유일한 길은 열심히 노력하는 것이다. — 해리 골든(Harry Golden)

배움 이전과 이후의 삶

우리가 배우는 학문 또는 과목은
누군가가 과거에 정의한 것들입니다.
중요한 것은 무엇을 배우냐보다
배움 이전과 이후 내면의 변화입니다.
단순히 배우기만 해서는 안 되고
자기 내면의 변화를 아이 스스로 느끼도록 도와주세요.
지식과 학문은 이해하고, 필요에 따라 활용하면 됩니다.
학교에서 배운 지식은 삶에서 그 활용도가 낮습니다.
중요한 것은 배운 대로 살기보단
스스로 생각해서 사는 것입니다.
즉 배움에서 이해한 개념을
스스로 생각하고 받아들이는 과정이
더 중요하다는 것입니다.

진정한 배움이란, 우리가 해야 하는 것과 할 수 있는 것만 알면 되는 것이 아니다. 할 수 있었던 것, 어쩌면 해서는 안 되는 것까지 알아야 하는 것이다.
— 움베르토 에코, 《장미의 이름》 중에서

지식은 창의력의 바탕

뉴턴은 떨어지는 사과를 보고
우연히 만유인력 법칙을 발견한 것이 아닙니다.
이미 알고 있는 상황에서 떨어지는 사과를 보고
풀리지 않은 부분의 실마리를 얻은 것뿐입니다.
창의력을 키우기 위해서는
실생활 속 다양한 활동에서 지식을 얻고
이를 연결시켜 구조화하는 연습이 매우 중요합니다.
지식은 창의력의 바탕입니다.

교육이란 알지 못하는 바를 알도록 가르치는 것을 의미하는 것이 아니다.
교육은 사람들이 행동하지 않을 때 행동하도록 가르치는 것을 의미한다.
― 마크 트웨인(Mark Twain)

가정은 마음의 향기를 피우는 곳

지금까지의 교육은
우리의 역사적 배경과 밀접한 관련이 있습니다.
제한된 시간과 공간 속에서 빠른 성공 모델을 찾기 위해서는
답이 하나인 편중된 단순 지식의 습득과 전달이 목표였습니다.
이제는 정보와 지식으로 의견을 만들고, 생각을 키우고
상대에게 전달하는 법을 요구합니다.
그러기 위해서는 특별히 필요한 것이 있습니다.
답은 한 가지가 아니라는 생각이 그것입니다.
상황에 따른 도덕적 판단이 중요하듯 이 세상에는
답 없는 상황이 훨씬 많습니다.
암기보다는 문제 풀이를 위한 체계나 이론을 공부하고,
이를 토대로 자기 나름의 의견을 만드는 것이 중요합니다.
유년 시기부터 생각하는 법, 질문하는 법, 대화하는 법을 배우며
철학적 사고에 익숙하도록 해야 합니다.

한 가지 일에 대한 사색이 끝나기 전에 다른 일로 옮기지 말고, 한 권의 책을 다 읽기 전에 다른 책으로 옮기지 말라. — 니시다 키타로(西田幾多郎)

진정 살아 있는 공부

깨어 있음, 자제력,
신뢰성, 책임감 같은 태도는
스파르타식 훈련이나 수업을 통해
길러질 수 있는 성질의 것이 아니다.
아이와 청소년, 그리고 어른들이 그런 태도를 갖추길 원한다면
그들에게 자제력의 유익, 신뢰성의 유익,
사려 깊고 깨어 있는 마음의 유익을 경험할 기회를 주어야 한다.
― 게랄트 휘터의 《우리는 무엇이 될 수 있는가?》 중에서

단지 학교에서 얻어지는 지식이 아닌
살아 있는 공부가 되어야 합니다.
모르는 것에서 지식과 앎을 깨우치면
어제보다 더 사려 깊은 사람으로, 더 유익한 존재로 깨어나야
그 사회의 좋은 리더로 성장할 수 있습니다.
그 '깨어나는' 경험을 부모와 자녀가
함께 체험하고 공유하는 기회를 갖는 것이야말로
진정 '살아 있는' 공부입니다.

가정의 단란함이 이 세상에서 가장 빛나는 기쁨이다. 그리고 자녀를 보는 즐거움은 사람의 가장 거룩한 즐거움이다. ― 페스탈로치(Pestalozzi)

좋은 습관은 반복 행동이 중요합니다

부모라면 누구나 아이가 좋은 습관을 가지길 원합니다.
어떤 행동이 습관화될 때까지는 얼마의 시간이 필요할까요?
연구 결과에 따르면,
어떤 행동이 자동화되려면 평균 66일이 필요합니다.
복잡하고 어려운 행동일수록 시간이 더 필요합니다.
즉 어떤 행동은 상당히 오래 실천해야만 습관이 된다는 얘깁니다.
좋은 습관을 만들려면 반복 행동이 중요합니다.
인내를 갖고 아이에게 좋은 습관을 선물하세요.

부모가 아이에게 물려줄 수 있는 최고의 유산은 바로 좋은 습관이다. 더 이상 아이에게 말만 하지 말고 솔선수범하라. 부모가 만들어준 좋은 습관이 아이의 인성과 인생을 좌우한다. ― 김은미, 《말만 하는 부모, 상처받는 아이》 중에서

아이가 손에서 책을 놓지 않게 하려면

일상에서 책과 함께 사는 것은 쉽지 않습니다.
아이가 손에서 책을 놓지 않도록 하기 위해서는
먼저 생활 공간 어디에나 책이 있어야 합니다.
거실, 서재, 아이 방, 주방 등 언제 어디서나
편하게 읽을 수 있도록 만들어주세요.
외식이나 공원 나들이, 여행 등 아이와 함께하는
모든 야외 활동에 책을 가져가세요.
아이의 신발 가방을 활용하면 좋습니다.
주말에는 도서관이나 서점을 정기적으로 방문하세요.
책을 대여하고, 아이의 흥미를 존중해 책 구입의 기회도 주세요.
가능하다면 하루 한 시간 정도 함께 읽거나 읽어주는 경험을 나누세요.
마지막으로 부모인 여러분이 언제나 책을 가까이 해야 합니다.

아이에게 책 읽는 법을 가르치더라도, 아이가 책을 사랑하도록 가르치는 것은 쉬운 일이 아니다. ― 짐 트렐리즈(Jim Trelease)

아이의 독서 습관과 태도

교실에서 아침 활동으로 매일 독서를 합니다.
어떤 아이는 책이 주는 즐거움에 빠져 몰입을 합니다.
또 다른 아이는 그 시간을 불편해합니다.
선생님의 눈치를 보거나 이 책, 저 책 고르기만 합니다.
몰래 다른 아이한테 말을 걸며 시간을 보내기도 합니다.
책을 대하는 아이의 태도,
어떻게 책을 읽는지 잠시만 살펴보면
그 아이의 독서 환경과 부모의 태도를 한눈에 알 수 있습니다.
아이가 성장할수록
독서 습관을 변화 또는 발전시키기 어렵습니다.
어릴 때부터 부모가 책 읽는 모습을 자주 보여주어야 합니다.

저절로 책을 좋아하게 되는 아이는 거의 없다. 누군가는 아이를 매혹적인 이야기의 세계로 끌어들여야 한다. 누군가는 아이에게 그 길을 가르쳐주어야 한다.
— 프레스콧(Prescott)

습관은 스스로 가꾸어나가는 것

운전을 처음 할 때 온 신경을 집중하느라
어깨가 아프고 피곤하지만
습관이 되면 편하고 즐거운 시간을 가질 수 있습니다.
이처럼 의식적인 반복 행동은
처음에는 많은 노력과 에너지가 필요합니다.
하지만 습관화하면 에너지가 거의 들지 않습니다.
세상 모든 일이 그러하듯, 습관도 스스로
기르고 가꾸어나가야 자신의 것이 되는 법입니다.

반복적인 일이 모여서 우리를 만든다. 따라서 탁월함은 업적이 아니라 습관이다.
— 아리스토텔레스(Aristoteles)

지식을 연결하면 지혜가 됩니다

우리는 배움이나 기억을 통해 지식을 축적합니다.
하지만 그것을 사용하는 주체 의식이 없다면
이는 단순한 기억에 불과합니다.
그 지식을 창조와 연결할 때 지혜가 됩니다.
따라서 지식이 많다면 기억이 많은 것입니다.
지식과 경험을 통해 일상생활에서 삶으로 실천하는 것이 지혜입니다.
나쁜 짓 하지 말고 착하게 살라는 말은 지식이지만
이를 지혜로 생활 속에서 실천하기란 여간 어려운 일이 아닙니다.
아이의 머릿속에 책에서 배운 지식만 있는지
삶과 연결된 지혜로 승화하고 있는지 들여다보세요.

가장 지혜로운 마음은 계속 무언가를 배울 여유를 가진다.
— 조지 산타야나(George Santayana)

지혜를 가꾸기 위한 연습

아빠: 교은이가 행복하려면 무엇이 가장 중요할까?
교은: (한참을 생각하더니) 건강?
아빠: 그래, 건강은 무엇 때문에 중요할까?
교은: 아프면 놀지 못하고, 학교에 갈 수 없어.
아빠: 그럼 언제 건강이 중요하다고 느꼈어?
교은: 저번에 할머니가 병원에 입원했는데, 아파하셨어.
아빠: 행복하기 위해 또 필요한 것이 있을까?
교은: 좋은 마음도 있어야 해.
아빠: 그럼 좋은 마음은 어떻게 키울 수 있을까?
교은: 음. 그건 비밀인데, 사랑해야 해.

대화를 하면서 사색의 기회를 놓치지 마세요.
많이 연습하고 노력하면 아이의 지혜는 날로 커 갑니다.

행복은 입맞춤과 같다. 행복을 얻기 위해서는 누군가에게 행복을 주어야만 한다.
— 시어도어 루빈(Theodore Rubin)

지혜로 변화시켜야 할 때

어떤 것을 이해한다고 해서 '지식이 높다'고 말하지 않습니다.
내 언어와 사고를 통해 표현할 수 있을 때
비로소 지식이라고 할 수 있습니다.
지식을 쌓아야 할 시기가 있고,
그것을 지혜로 변화시켜야 할 때도 있습니다.
많이 아는 것과 좋은 판단을 하는 것은 다릅니다.
지혜는 지식을 통해, 적절한 판단을 통해 실천을 필요로 합니다.
즉 지식과 지혜는 앎과 실행의 문제와 가깝습니다.
단순한 앎이나 검증된 앎을
일상생활 속에서 실천할 때
비로소 지혜라고 할 수 있습니다.
이해가 없으면 지식을 얻기 어렵고,
지식이 없으면 지혜를 발휘하기 어렵습니다.

배우기만 하고 생각하지 않으면 막연하여 얻는 것이 없고, 생각만 하고 배우지 않으면 위태롭다. ― 공자(孔子)

지혜와 창조의 힘

우리 역사상 가장 위대한 임금이자 백성을 사랑했던 세종대왕.
학문을 좋아하고 연구에 힘써
항상 책에서 손을 놓지 않았습니다.
수라를 들 때에도 반드시 책을 펼쳐 곁에 놓고 보았습니다.
이런 습관이 학문적 깊이를 넘어 창의성을 발휘했습니다.
이두를 비롯해 북방의 주변어까지
언어의 원리를 꿰차게 되어
세종은 당대 최고의 어문학자가 됩니다.
그리고 그 언어들의 한계를 뛰어넘는 한글을 만들었습니다.
이렇듯 끊임없이 지식을 쌓으면
어느 순간 지혜와 창조의 힘이 자라는 법입니다.

고도로 창조적인 사람은 주도적이다. 이들은 사회적 지위를 성취하는 데 기본이 되는 자질과 특성을 갖추고 있다. 침착하고, 자발적이며, 개인적 또는 사회적 상호 작용에 자신감을 갖는다. ─ 해리슨 고흐(Harrison Gough)

아이 스스로 지식을 넓혀요

경험과 배경 지식이 쌓이면
같은 글도 다르게 받아들입니다.
같은 글이라도 읽을 때마다 다르게 느낍니다.
역설적으로, 책을 많이 읽고 지식이 쌓일수록
모르는 게 많다는 사실을 깨닫습니다.
아이가 모르는 것이 있다면
그것을 찾아 자신의 것으로 만들게 하세요.
그런 노력이 쌓이면 지식을 넓힐 수 있습니다.

모든 학문은 상호 결합되어 있기 때문에, 하나를 다른 것에서 분리하는 것보다 모든 것을 한꺼번에 배우는 것이 훨씬 쉽다. ― 데카르트(Descartes)

배우고 익히면 스스로 하게 되는 법

어느 순간 아이가 글을 읽고,
그 의미를 이해하는 모습을 보면 신비로움 그 자체입니다.
문자를 보며 알맞은 소리를 내고,
소리를 통해 문자가 가진 뜻을 이해하는 과정을 거칩니다.
이후 단어와 문장, 그리고 이야기를 읽고,
해석해나가는 과정은 기적에 가깝습니다.
교실에서 아이가 자신도 모르게 건반을 두드리듯
책상을 터치하는 장면을 가끔 목격합니다.
피아노를 배웠던 사람이라면 자신도 모르게 자동적으로
손이 먼저 반응하는 것을 경험합니다.
누가 시키지 않아도 스스로 하는 법,
배움의 자동화가 이루어진 것입니다.
처음 읽기나 피아노 연주를 할 때는
많은 시간과 노력이 필요하지만
시간의 흐름에 따라 그 반응과 강도는 강해집니다.
공부 또한 마찬가지입니다.

당신이 일에 쏟아 붓는 시간이 중요한 게 아니다. 중요한 것은 당신이 시간을 쏟아 붓는 일 그 자체다. ― 새뮤얼 유잉(Samuel Ewing)

책 읽기의 즐거움

책 읽기는 즐거움입니다.
읽기를 좋아하는 사람은 누구나
기본적으로 즐겁기 때문에 책을 읽습니다.
가끔은 유익하기 때문에 독서를 할 때도 있지만
그럴 때조차 우리가 생각하고 느끼게 만드는 방식에서
즐거움을 찾습니다.
따라서 어릴 때부터 책과 친숙해지고
책 읽기의 즐거움을 배우는 것은 매우 중요합니다.

책을 백 번 정도 반복해 읽으면 거기에 쓰여진 진리가 저절로 분명해진다.
— 진수(陳壽)

 팝콘 브레인

팝콘 브레인(Popcorn Brain)을 아시나요?
첨단 디지털기기에 익숙한 나머지
뇌가 현실에 무감각 또는 무기력해지는 현상이에요.
팝콘처럼 튀어 오르는 강한 자극에는 빠르게 적응하지만
작은 자극에는 반응하지 않아 뇌가 무감각해지죠.
처음에는 엄마가 편해지려고 나에게 스마트폰을 주었죠.
전혀 지루하지 않고 재미있어요.
다양한 게임을 해보니 시간 가는 줄 몰라요
책상에 앉아 있을 때에도, 학교에서도 늘 게임 생각뿐이었죠.
또 새로운 소식이 없는지 확인하고,
심지어 잠을 자다가도 확인하죠.
난 점차 현실과 멀어지고 있어요.
점점 스스로 할 수 있는 일을 잊어버리고 있어요.
난 이젠 내 뇌 구조까지 바꾸고 있죠.
감정을 조절하지 못하고,
스스로 의사 결정을 내릴 수 없고,
스스로 나 자신을 통제할 수 없죠.
스스로 할 수 있는 일을 잃어가는 아이가 되고 있어요.

일이 비록 작다 하더라도 하지 않으면 이루지 못하고, 자식이 비록 현명해도 가르치지 않으면 똑똑해지지 않는다. — 장자(莊子)

당신의 마음을 자주 표현해주세요

아이에게 언제나
엄마와 아빠는 아이 편이라는 마음을 표현하세요.
아이 곁에는 든든한 엄마와 아빠가 있다는 것을 말해주세요.
세상에서 가장 흔한 말이지만 최고의 표현을 해주세요.
"사랑해!"
하루에도 여러 번, 자주 사랑의 메시지를 전달하세요.
그리고 꼭 안아주세요.
사랑을 표현하지 않는 부모 곁에서 자란 아이는
어른이 되어도 사랑하는 마음을 드러내지 못합니다.
아이가 "사랑해"라는 말을 어색해하지 않도록
어린 나이부터 끊임없이 표현해주세요.

제가 강조하고 싶은 것은 미소 짓는 것이 어려울 때일수록 서로에게 미소로 대해야 한다는 것입니다. 서로에게 미소를 베풀고 여러분의 가족을 위한 시간을 할애해야 합니다. ― 마더 테레사(Mother Teresa)

7월
JULY

존재 자체를 기준으로 삼고
현실 속의 아이를 보면 그 아이가
내 옆에 있어주는 것만으로도 이미 기쁨이다.
그 아이의 어떤 모습이라도 좋게 보인다.
바로 그런 느낌을 아이에게
말로 전해주는 것이 용기를 주는 것이다.
— 기시미 이치로, 《아들러 심리학을 읽는 밤》 중에서

7월의 탄생화

1일: 단양쑥부쟁이(Fig Marigold) - 태만
2일: 금어초(Snap Dragon) - 욕망
3일: 흰색양귀비(Papaver) - 망각
4일: 자목련(Lily Magnolia) - 자연애
5일: 라벤더(Lavendar) - 풍부한 향기
6일: 해바라기(Sun Flower) - 애모
7일: 서양까치밥나무(Goose Berry) - 예상
8일: 열엽모간(Ranunculus pedatifidus) - 다시 만날 날까지
9일: 아이비제라늄(Ivyleaved Geranium) - 진실한 애정
10일: 초롱꽃(Canterbery Bell) - 감사
11일: 아스포델(Asphodel) - 나는 당신의 것
12일: 좁은잎배풍등(Solanum) - 참을 수 없어
13일: 잡초의 꽃(Flower of Grass) - 실제적인 사람
14일: 플록스(Phlox) - 온화
15일: 들장미(Austrian Briar Rose) - 사랑스러움
16일: 비단향꽃무(Stock) - 영원한 아름다움
17일: 흰색장미(White Rose) - 존경
18일: 이끼장미(Moss Rose) - 가련함
19일: 백부자(Aconite) - 아름답게 빛나다
20일: 가지(Egg Plant) - 진실
21일: 노랑장미(Yellow Rose) - 아름다움
22일: 패랭이꽃(Superb Pink) - 사모
23일: 장미(York & Lancaster Rose) - 아름다움
24일: 연령초(Trillum) - 그윽한 마음
25일: 말오줌나무(Elder-Tree) - 열심
26일: 향쑥(Wornwood) - 평화
27일: 제라늄(Geranium) - 진실한 애정
28일: 패랭이꽃(Dianthos Superbus) - 언제나 사랑
29일: 선인장(Cactus) - 불타는 마음
30일: 서양종보리수(Line Tree, Linden) - 부부애
31일: 호박(Pumpkin) - 광대함

공부의 즐거움에 빠져 있는 아이

어떤 일을 스스로 하면 즐겁습니다.
공부도 마찬가지입니다.
그렇다면 아이 스스로 공부하기 위해서
부모는 어떤 역할을 해줘야 할까요?
먼저 아이가 어떤 마음과 동기를 갖고 공부하는지
관심을 가져야 합니다.
다음으로 공부에 대한 자신감을 갖도록 해주세요.
부모가 아이 스스로 잘 할 수 있다는 믿음과 신뢰를 주면
게임처럼 승부욕을 발동하며 공부를 즐기게 됩니다.
큰 목표보다 작은 목표를 가지고, 성취의 경험을 키워주세요.
계획을 세우고 하나하나 해결해가는 즐거움을 맛본다면
어느 순간 공부의 즐거움에 빠져 있는 아이를 발견할 것입니다.

교육이 한 인간을 양성하기 시작할 때의 방향이 훗날 그의 삶을 결정할 것이다.
— 플라톤(Platon)

아이의 숨은 재능을 찾아주세요

세상에는 다양한 나무가 있습니다.
나무가 뿌리를 잘 내리고 열매를 잘 맺으려면
적당한 물과 양분을 주고, 잡초도 제거해주어야 합니다.
그래야 나무는 푸르름을 자랑합니다.
세상에는 수많은 아이가 있습니다.
성격이나 단점을 탓하기보다는
그 안에 숨은 재능과 능력을 발견할 때
아이는 세상의 중심이 됩니다.
아이의 탓으로 돌리는 편협한 양육과 교육이
가능성을 사라지게 합니다.

재능은 식탁에서 쓰는 소금보다 흔하다. 재능 있는 사람과 성공한 사람을 구분 짓는 기준은 오로지 엄청난 노력뿐이다. — 스티븐 킹(Stephen King)

아이에게 원하는 삶을 부모가 먼저 해보세요

내 아이가 책을 많이 읽기를 원하면
부모가 책 읽는 모습을 보여주어야 합니다.
내 아이가 인문학적 삶을 살아가고자 한다면
부모가 먼저 인문학적 삶을 살아가면 됩니다.
진정한 교육이란
내가 바라는 아이의 삶처럼
내가 먼저 살아가는 게 아닐까요.

인간은 오직 사고(思考)의 산물일 뿐이다. — 간디(Gandhi)

문학이 주는 즐거움

문학의 즐거움이란 무엇일까요?
먼저 언어 자체가 주는 즐거움을 들 수 있습니다.
소리가 만들어내는 단어나 구절 등이 어울려 즐거움과 재미를 줍니다.
재미있는 상황을 보고 웃거나,
주인공이 겪는 고통과 기쁨을 함께 느낍니다.
단어와 텍스트가 불러일으키는
이미지나 생각을 통해 즐거움을 얻습니다.
또한 스토리 자체가 주는 즐거움을 경험합니다.
자신과 인물의 공통점과 차이점, 문제 해결 과정 등을 통해
스스로를 발견하는 즐거움을 갖습니다.
최소한 상상으로라도 우리 자신에게서 벗어나
다른 사람의 삶과 생각을 체험하는 즐거움을 갖습니다.
다른 사람과 소통하고 대화를 나누는 즐거움을 갖습니다.

방에 서적이 없는 것은 몸에 영혼이 없는 것과 같다. — 키케로(Cicero)

문학을 즐기는 것도 훈련입니다

"너는 이 책의 제목을 보면 어떤 생각이 드니?"
"이 책의 등장인물에 대해 어떻게 생각하니?"
"이 이야기 다음에는 어떤 이야기가 나올까?"
"만약 너라면 이 상황에서 어떻게 할 것 같아?"

아이와 함께 책을 읽으며 이런 대화를 나눠보세요.
책 속 이야기를 통해 아이는 즐거움을 느낄 것입니다.
또 책 속 이야기에 대한 반응을 이끌어내도록 격려해주어야 합니다.
더 나아가 텍스트 자체에 초점을 맞추도록 도와주어야 합니다.
작품 속 등장인물과 내용은 어떠한지,
텍스트 자체에 관심을 갖도록 유도하는 것입니다.
작품 속 그림이나 떠오르는 이미지에 대해서도
관심을 가져주세요.
문학을 즐길 수 있는 능력은 훈련된 기술입니다.

소설이 존재하는 이유는 무엇인가? 그것은 소설이 인생을 표현하려고 노력하기 때문이다. ― 제임스 클라크(James Clark)

책 읽기를 놀이처럼 하세요

초등학교 2학년인 연우네는 책이 많습니다. 워킹맘인 연우 엄마는 어렸을 때부터 책을 많이 읽어주질 못한 게 늘 미안했습니다. 그래서 연우에게 책을 많이 사주었습니다. 하지만 연우는 책 읽기를 즐기는 편이 아니었습니다. 그래도 연우는 엄마를 실망시키고 싶지 않았습니다. 여름방학 동안 하루 두세 권을 목표로 삼고 열심히 읽었습니다. 처음에는 연우의 책 읽기 수준을 잘 몰랐다가 독후 활동을 해놓은 걸 보니 기가 찹니다. 좀 전에 다 읽은 내용을 물어봐도 전혀 모르고, 유아용 그림 동화책을 읽어도 마찬가지라 더 속이 상합니다.

이럴 때 무엇부터 어떻게 지도해야 할지 고민입니다.
책은 단 한 권이라도 집중하면서
즐겁게 읽는 것이 중요합니다.
한자리에 앉아 정독하지 못하는 아이의 습관은
부모의 욕심 때문인 경우가 많아요.
빨리 읽어주거나 읽기를 강조하거나
아이 스스로 알아서 읽으라고 방임해서는 안 됩니다.
아이들은 특히 좋아하는 주제의 책일수록
독서할 때 흥미를 느끼며 몰입하기 쉬운데,
그러한 관심과 수준을 고려해 천천히 즐길 수 있는
놀이 같은 읽기가 되도록 해야 합니다.

문학을 좋아하고 시를 사랑한다는 것은 마음속에 사랑이 있다는 증거다.
— 박목월

책에 대한 부모의 정서적인 반응이 중요해요

사람들이 책을 읽는 것은 유익해서가 아니라
즐겁기 때문입니다.
만약 독서가 즐겁지 않으면
아무리 교육적이고 유익한 책이라 할지라도
읽히지 않을 것입니다.
내 아이에게 책 읽는 즐거움을 선물해야 합니다.
언어 자체, 감정, 생각, 스토리, 그림, 상상이 주는
즐거움을 만끽하도록 해야 합니다.
그러기 위해서는 부모의 정서적 반응이 매우 중요합니다.
책을 만나고, 읽는 그 자체가 즐거움일 수 있도록
부모가 노력해야 합니다.

생각하지 않고 책을 읽는 것은 음식을 씹지 않고 먹는 것과 같다.
— 에드먼드 버크(Edmund Burke)

연령에 맞는 책을 선택해주세요

유아 전기는 단순 개념이 발달하는 시기입니다.
부모가 읽어주는 그림책을 감상하며 책에 관심을 갖죠.
따라서 정보를 자연스럽게 접하며
상상력을 자극할 수 있는 책이 좋습니다.
유아 후기는 자신감과 자존감이 발달하는 시기입니다.
생활 경험이 녹아 있는 내용, 우화나 옛이야기,
운율을 느낄 수 있는 동시나 동요를 읽을 수 있도록 하는 것이 좋습니다.
특히 책을 접하고 읽는 즐거움을 만끽하도록 하는 것이 중요합니다.
초등 저학년은 책 속에서 환상과 꿈을 키우며
지혜가 자라는 시기입니다.
국내서와 번역서의 다양한 창작 동화를 접하며
상상력과 창의력을 키워나가야 합니다. 혼자 문학 작품을 읽으면서
책 읽는 즐거움을 맛보도록 하는 것이 좋습니다.
초등 중학년 시기에는 다양한 문학 작품을 접하고
이를 내면화하고 습관화하는 것이 중요합니다.
초등 고학년 시기에는 추리, 탐정, 모험을 통해
논리력과 상상력을 키워나갑니다.
초등 시기에 독해력과 독서력의 개인차가 확연히 드러납니다.

개를 제외하고 책은 인간의 가장 좋은 친구다. 개에 푹 빠져 있으면 독서를 할 수 없다. ― 그루초 막스(Groucho Marx)

문학을 만나는 시간

다양한 문학 작품을 만나면
아이들의 고른 관심과 다양한 영역에서 지식을 습득하고
바른 인성과 풍부한 정서를 얻을 수 있습니다.
이러한 문학 작품을 만나는 것이
생의 가장 큰 즐거움이 되도록 해야 합니다.
무엇보다 아이들이 언제, 어디서 문학 작품을
만나는 것이 가장 중요합니다.
이는 우연이나 단순한 노력으로는
절대 이루어지지 않습니다.
우리가 식사를 하고, 잠을 자는 것처럼
매일 30분, 또는 한 시간씩 아이들이 문학 작품을
접하도록 해야 합니다.

독서는 단순히 지식의 재료를 공급할 뿐이다. 그걸 자기 것으로 만드는 것은 사색의 힘이다. ― 존 로크(John Locke)

JUL 10

 책을 사랑하는 마음

아이와 함께 정기적으로 서점이나 도서관을 방문해보세요.
책을 접하는 즐거움과 더불어 아이는
원하는 책을 구입하거나 대여하는 즐거움도 경험합니다.
주변의 많은 사람이 책을 사랑한다는 것을 느끼고
아이 또한 그런 마음이 자랄 거예요.
책은 아이의 삶에 즐거움을 주는 놀이터가 되어야 합니다.
아이와 함께 독서 여행을 떠나보면 어떨까요?
책 속에 담긴 지식과 정보를 찾아 떠나는 여행.
이런 여행이야말로 살아 있는 공부,
책을 통한 삶의 여행이지 않을까요?

책은 인생이라는 험한 바다를 항해하는 데 도움이 되도록 남들이 마련해준 나침반이요, 망원경이요, 지도이다. — 베네트(Bennett)

공부를 위한 읽기를 하지 마세요

1학년인 정우의 부모는
유년 시절부터 아이와 책 읽기 경험을 같이하고,
독후 활동을 하려고 노력했습니다.
아이와 함께 책을 읽고 어떤 날은 서로 퀴즈를 만들고,
정답 맞히기 놀이를 하기도 했습니다.
책 내용이나 아이의 생각과 관련해 이야기도 나누었습니다.
'주인공이 그곳에 왜 갔을까?'
'그다음에 어떻게 되었더라?'
'주인공은 왜 그런 행동을 한 거야?'

부모가 아이의 수준이나 관심 분야 등을
정확히 알고 있어야 합니다.
책을 접하는 이유가
정답을 확인하는 과정이 되어서는 안 됩니다.
책을 공부의 방편으로 사용하지 마세요.
책을 사랑하면 언어 능력은 저절로 높아집니다.

즐겁게 책을 읽을 때, 노력하지 않아도 저절로 언어 실력이 는다.
— 스티븐 크라센(Stephen Krashen)

역사는 관심이 먼저입니다

어제나 오늘이 여러분의 역사가 되는 것처럼
역사는 시간 흐름의 연속입니다.
시간은 과거를 거쳐 현재를 지나 미래로 향합니다.
따라서 역사는 맥락을 이야기하는 것이 가장 중요합니다.
하지만 우리 역사, 그리고 서양 역사의 맥락을
이해하는 것이 결코 쉽지는 않습니다.
인류 역사에 대한 이해와 지식을 쌓아가기 위해서는
무엇보다 아이가 어렸을 때부터
자연스럽게 관심을 갖도록 하는 것이 중요합니다.
이것이 자연스럽게 역사 공부로 이어지고,
나아가 역사의식을 깨우쳐줍니다.

역사를 읽는 것은 과거를 읽는 것이 아니다. 그것은 현재를 읽고 나아가 미래를 읽는 것이다. ― 신영복

역사는 쉽고 재미있게 다가가세요

역사를 이해하기 위해서는
필수적으로 아이의 역사책 선택을 고민해보아야 합니다.
성인이 보는 역사책을 아동용으로 요약해서 어려운 책이 있는가 하면
흥미에만 치중해 역사적 사실을 과장하거나 각색하는 경우도 있습니다.
아이의 생각을 완결 지어 닫아주는 방식보다
열어주고 확장할 수 있는 책을 선택하는 것이 좋습니다.
'Why 역사 시리즈'나 '용선생의 시끌벅적 한국사'처럼
흥미를 불러일으키고 전체적인 흐름을 이해할 수 있는
책을 접하는 것이 좋습니다.
역사에 대해 흥미와 호기심을 갖게 되었다면
인물이나 사건 또는 시대와 관련해
탐구할 수 있는 기회를 제공하는 것도 좋습니다.
예를 들어 뮤지컬 〈명성왕후〉나 영화 〈암살〉을 보고
일제강점기에 대해 공부하면
역사를 비판적으로 보는 시각도 키울 수 있을 것입니다.

역사는 죽은 과거가 아니라, 현재 속에 살아 있는 과거다. ― 콜링우드(Collingwood)

JUL 14

 역사 공부는 친숙한 이름부터 접근해보세요

역사는 사람과 관련된 경우가 대부분입니다.
역사와 친해지고 싶다면 사람 이름을 잘 살펴보세요.
친숙한 이름을 중심으로 먼저 접근해보세요.
가령 '장영실'을 이야기한다면
측우기 및 혼천의와 깊은 관련이 있습니다.
장영실을 공부하다 보면 다양한 과학 발명품과
자연스럽게 만날 수 있습니다.
장영실을 공부하다 보면 세종을 만나게 되고
세종을 만나다 보면 태종과 태조를 만나게 됩니다.
'몇 단계만 거치면 모두 아는 사람이다'는
'케빈 베이컨의 법칙'이 역사 공부에 그대로 적용됩니다.
이렇게 한 사람을 중심으로 계속 살피다 보면
수많은 역사적 인물과 만나게 되고
아이는 자연스럽게 역사에도 관심을 갖게 됩니다.

지식을 얻으려면 공부를 해야 하고, 지혜를 얻으려면 관찰을 해야 한다.
마릴린 서번트(Marilyn Savant)

역사는 시간의 흐름입니다

역사적 사건은 시간의 흐름 위에서 진행됩니다.
언제 일어났는지가 중요할 수 있지만
무작정 연도를 암기하는 것은 좋은 방법이 아닙니다.
특정한 시기에 일어난 사실을 원인과 결과에 따라
전개 과정을 이야기로 연결 지어 이해하는 것이 필요합니다.
이때 반드시 흐름을 놓치지 않는 것이 중요합니다.
예를 들어, 한국전쟁이 일어난 시기를 암기하는 것보다
정치, 경제, 사회적 원인으로 인해 발생한 한국전쟁이
현재를 살고 있는 우리에게 미치는 영향까지 파악할 수 있어야 합니다.

역사는 과거와 현재와의 끊임없는 대화이다. — 카(Carr)

JUL. 16

 여행으로 살아 있는 역사를 만나보세요

"세계는 한 권의 책이다. 여행하지 않는 자는
그 책의 단지 한 페이지만을 읽을 뿐이다."
성 아우구스티누스의 말입니다.
여행은 교과서나 책에서 보았던 것과 다른
진정한 세계를 길 위에서 만나게 합니다.
여행을 하다 보면 그 지역의 역사, 문화, 음식 등
모든 것을 접할 수 있습니다.
세상이라는 거대한 책의
다음 페이지로 넘어갈 수 있는
여행을 아이와 함께 계획해보세요.
단순히 놀고 즐기는 여행이 아니라
체험을 통해 역사적 인식을 키울 수 있는 계기로 활용하세요.

진정한 여행이란 새로운 풍경을 보는 것이 아니라 새로운 눈을 갖는 데 있다.
— 마르셀 프루스트(Marcel Proust)

철학 하는 방법

철학 지식을 가르치는 게 아니라
철학 하는 방법을 가르쳐야 합니다.
그렇다면 철학 하는 방법이란 무엇일까요?
서로의 생각과 차이를 존중하면서
새로운 시각이나 신념을 구성해가야 합니다.
이런 과정이나 기술을 배워나가는 것이 철학 하는 방법입니다.
그렇게 하기 위해서는 문제의식을 서로 공유해야 합니다.
요컨대 토의나 토론이 필수 과정입니다.
이를 통해 비판적, 창조적 사고력을 신장시킬 수 있습니다.

우리에게 세상 살아가는 방법을 가르쳐주는 것이 철학이고, 어린 아이도 어른들과 마찬가지로 철학에서 교훈을 얻는데, 어린 아이들에게 철학을 가르치지 못할 이유가 무엇인가? ― 몽테뉴(Montaigne)

JUL 18

 철학은 삶 속에 존재합니다

"철학은 아무리 어린 나이에도 이해할 수 있으며
아무리 늙어서도 싫증나지 않는다."
프랑스 사상가 몽테뉴의 말입니다.
더 이상 철학은 우리와 동떨어져 있는 것이 아니며
우리의 주변에, 나와 아이의 삶 속에
언제 어느 곳에나 존재합니다.
몽테뉴는 철학은 학문이 아니라 지혜,
즉 아주 어린 나이부터 누구에게나 있는
사고 능력이라고 강조합니다.
어린 아이도 스스로 생각하는 능력이 있다면
누구나 철학자가 될 수 있습니다.
자유, 평등, 도덕, 생명, 죽음, 역사 등 모든 것이
철학이 될 수 있습니다.
중요한 것은 아이와 어떻게 기회를 만들고 연습하느냐입니다.

그대들은 나에게서 철학을 배우려 하지 말고 철학하는 것을 배워야 한다.
— 이마누엘 칸트(Immanuel Kant)

철학적 사고를 키우는 순서

본격적으로 철학 하기에 앞서
아이들과 유아 시기부터
책의 주제나 가치, 등장인물의 성격이나 배경 등에 대해
자연스럽게 대화하는 연습이 중요합니다.
이렇게 꾸준히 연습하면 자연스럽게
철학적인 문제에 대해 관심을 유지하고 집중할 수 있습니다.
이런 연습 없이 아이와 바로 토의나 토론을 하는 것은
관심을 이끌어내기 어렵고,
더 나은 사고를 발전시킬 수 없습니다.
책읽기를 통한 자연스러운 대화가
철학적 사고의 기초를 키웁니다.

어리석은 질문이란 없다. 질문하기를 멈추지 않는 한 어떤 사람도 바보가 되지 않는다. — 슈타인메츠(Steinmetz)

무엇으로 철학을 만날 것인가?

무엇으로 철학을 만날 것인지 처음 토의를 한다면
방향을 잡는 데 대부분 실패합니다.
재미있으면서도 자연스럽게 철학적 주제를 담고 있는
'작은 철학자 사고력 동화' 같은 책을 아이와 함께 읽거나
이야기로 생활 속 문제를 쉽게 접근할 수 있는
《이솝 우화》나 《탈무드》를 아이와 함께 읽고 이야기를 나누어보세요.
또 아이와 부모가 기록할 수 있는 게시판 등을 활용해
일상생활 속에서 다루고 싶은 주제를 적어두세요.
이 주제를 가지고 일주일에 한두 차례
철학 하는 기회를 갖는 것도 좋습니다.
마지막으로 감동, 분노, 존경 등을 다룬
신문기사나 뉴스 등도 살아 있는 좋은 자료입니다.

어린 아이의 경우에는 '철학을 한다'라는 개념에서 시작하는 게 당연하다. 그 철학은 대화 형식을 띠거나, 어른의 지도 아래 친구들과 의견을 주고받는 형태의 구두 토론으로 이루어질 수밖에 없다. ― 프랑수아 갈리셰, 《아이와 함께 철학하기》 중에서

아이와 토론하는 시간을 가져보세요

아이가 부모와 함께 토론하는 것은
가정교육에서 매우 중요한 일입니다.
좋은 토론을 하기 위해서는 먼저
아이와 약속을 정해야 합니다.
특정 요일과 시간을 정하는 게 좋습니다.
약속 시간이 되면 토론할 분위기를 조성합니다.
TV나 컴퓨터는 끄고 조용한 상태여야 합니다.
아이와 편안하게 마주 볼 수 있는 상태가 되면
준비한 주제를 가지고 토론을 시작합니다.
처음에는 쉽지 않을 겁니다.
아이가 다른 이야기를 꺼내거나
집중하지 못해 진지한 토론을 하기 어려울 겁니다.
이럴 땐 실망하지 말고 인내심을 가지고
연습하고 또 연습하는 모습을 보여줘야 합니다.
교훈을 주거나 가르치려 하지 말고
아이의 의견을 존중해주세요.
토론할 때는 완전히 평등한 관계여야 합니다.
그래야 아이가 자신의 생각을 자유롭게 이야기하고
토론에 진지하게 참여할 수 있습니다.
처음에는 쉬운 주제부터 시작하세요.
아이가 익숙해졌다면 다양한 주제로 확대해보세요.

토론할 때는 상대방의 말을 주의 깊게 듣고, 행동할 때는 무엇을 하고 있는지 알고 있어야 한다.
— 시드니 벅(Sydney Burke)

JUL 22

 아이와 함께 철학하기

아이가 말한 내용을 재정리한다.
예) 그러니까 네 생각은 개인보다 집단이 더 소중하다는 말이지.

질문을 던진다.
예) 그럼 개인들이 집단으로부터 어떤 피해를 입을 수 있을까?

반대 의견을 말한다.
예) 집단으로부터 피해를 입는 개인의 사례는 많아. 그리고 개인이 있어야 집단을 이루고 사회를 만들어갈 수 있어.

아이가 제시한 의견에 담긴 뜻을 찾아낸다.
예) 그러니까 네 말은 ~라는 뜻이구나.

반대로, 아이의 의견이 성립되기 위한 조건이나 전제를 끌어낸다.
예) 어른이 된다고 꼭 자유가 많아지는 것은 아니야.

요약해준다.
예) 우리 사회는 자신의 일에 책임을 져야 한다는 생각이구나?

아이들과 함께 알맞은 질문을 찾는 작업을 한다.
예) 자유와 책임이 어떻게 다른지 더 자세히 말해주겠니?

레시피를 하나씩 배워서 요리 실력이 늘어가듯
위에 열거한 연습법을 하나씩 연습해가는 것이 좋습니다.
연습하고 또 연습하면 자연스럽게 훌륭한 역할을 해낼 수 있습니다.

어린 나이에도 얼마든지 철학을 시작할 수 있고 늙은 나이에도 철학을 버려서는 안 된다. 정신적 건강을 가꾸는 데 너무 늦거나 이른 나이란 없다.
— 에피쿠로스(Epikuros)

창의력을 이끌어내는 방법

교실에서 아이들의 놀이 활동을 가만히 들여다보면
도구나 놀잇감을 전혀 다른 용도로 사용하기도 합니다.
짐 매트를 가지고 빅 블럭이나 터널을 만들기도 합니다.
부모도 아이가 다양한 놀이를 조합해
새로운 놀이를 만들어내는 것을 자주 접합니다.
창의는 기존의 지식을 새로 연결하고 조합할 때 나타납니다.
이 연결 고리가 바로 상상력입니다.
기존 지식들을 그물 짜듯 종으로 횡으로 연결하는 것입니다.
아이에게 새로운 경험을 제공하는 것.
아이에게 새로운 지식을 제공하는 것.
아이들은 경험하지 않았거나 지식을 알지 못하면
어지러워진 퍼즐 조각처럼 혼란스러워합니다.
경험과 지식이 그물처럼
촘촘한 지식의 구조를 만들어가는 것.
이것이야말로 창의력을 이끌어내는 방법입니다.

어린이는 실생활에서 인상 깊게 경험한 모든 일을 놀이를 통해 반복한다.
— 지그문트 프로이트(Sigmund Freud)

JUL 24

 창조는 의심과 불편함에서 시작합니다

전화기, 라디오 등 대부분의 전자제품에 사용하는 건전지.
현재 세계 모든 사람이 사용하고 있는 현대적 의미의 건전지는
1885년 일본인 야이 사키조가 처음 만들었습니다.
도쿄의 한 시계포에서 견습 시계 수리공으로 일하던 그는
고등공업학교 입학 시험장에
5분 지각을 해서 시험을 치를 수 없게 됩니다.
이때부터 전기의 힘을 빌려 시간을 정확히 맞추는
연속전기시계의 개발에 열을 올리게 됩니다.
당시 연속 전기시계에 사용한 전지는
영국의 화학자 대니얼이 고안한 것으로
사용하기 매우 불편했다고 합니다.

창조적 사고는 일상의 당연한 경험에 대한
의심이나 불편함에서 시작됩니다.
많은 창조물이 이러한 경험을 통해 발명되었습니다.
이처럼 천재는 정보와 정보의 관계를
'남들과 전혀 다른 방식으로 엮어내는 사람'입니다.

창의성은 낯선 것들에 대한 즐거움이다. — 어니 젤린스키(Ernie Zelinski)

JUL
25

 지식의 통합

누구나 종이는 쉽게 젖는다고 생각합니다.
하지만 종이컵은 일정 기간 동안 젖지 않을뿐더러
방습 효과도 있습니다.
이는 종이의 표면에 왁스를 칠하기 때문입니다.
이를 통해 종이에 물을 담고 휴대하는 큰 발견을 이룹니다.
위의 예처럼 발명은 공통점과 차이점을 찾는 눈이 필요하고,
발견된 특성을 변형하는 수단이 필요하며,
새로운 연결 방법을 적용할 수 있어야 합니다.
이러한 발명의 시작 단계는 간단한 설명과 달리
부단한 연습의 축적이 선행되어야 합니다.
이렇게 복잡한 과정을 자동적으로 해내기 위해서는
오랜 기간 숙련을 해야 합니다.
기초 지식과 다양한 방법론에 대해 알아야
새로운 창의적 결과물이 나옵니다.
그러기 위해서는 다양한 분야의 기본 지식을
통합할 줄 알아야 합니다.

지식의 종류는 두 가지다. 우리 스스로 알고 있는 지식, 그리고 거기에 대한 정보가 어디 있는지 알고 있는 지식이다. ― 새뮤얼 존슨(Samuel Johnson)

지금은 조기 적기 교육 시대

우리 아이들의 뇌가 진정으로
무엇을 원하는지 관심을 갖는 부모는 많지 않습니다.
조기 학습을 시도하는 부모 대부분이 그러합니다.
'하면 도움이 되겠지', '안 하는 것보다 낫겠지'라는
공통된 심리를 가지고 스스로 위안을 삼습니다.
그러곤 한 발 물러나 방관자가 되기 쉽습니다.
아이들의 발달과 뇌 수준을 고려하지 않고 학습을 강요하면
정신적 부담감, 실패로 인한 좌절감,
정서 발달의 저해 등으로 이어질 수 있습니다.
조기 학습은 문자나 숫자를 가르치기 위해
일찍 공부하는 것이지만
조기 교육은 이와 달리
폭넓고 다양한 경험을 중시하는 것입니다.
또한 적기 교육이란 아이의 발달 단계와 준비 정도에 맞춰
학습을 제공하는 것을 말합니다.
이제는 조기 학습이 아닌 조기 교육을,
적기 교육을 넘어 조기 적기 교육을 해야 합니다.

아이들의 능력 계발에 있어 호기심이 가장 중요하며,
아이들이 호기심을 갖는 분야에 몰입한다면 창의적인 사람이 될 수 있다.
— 미하이 칙센트미하이(Mihaly Csikszentmihalyi)

JUL 27

 풍부한 환경과 즐거운 경험

뉴런은 신경계를 구성하는 신경세포로
감각기관에서 받아들인 정보는 뇌로 전달되고,
뇌에서는 판단을 해서 명령을 내립니다.
하버드 대학의 잭 숀코프 교수는
생애 첫 몇 년 동안은 뉴런이 1초에 700개씩
새롭게 연결되는 시기라며
조기 경험의 중요성을 강조합니다.
아기의 두뇌가 건강하게 자라날 수 있도록
풍부한 환경과 즐거운 경험을 제공해야 합니다.
최근 뇌과학에 기반을 둔 영유아기 연구 결과는
"세 살 버릇 여든까지 간다"는
우리나라 전래 속담을 과학적으로 입증하고 있습니다.

모든 인간은 선천적으로 지식을 갈망한다. — 아리스토텔레스(Aristoteles)

창의력 발달을 위해 가르쳐야 세 가지

세계적 석학이자 《생각의 탄생》을 쓴 생리학자 로버트 루트번스타인 교수는 "유아기의 다양한 경험과 자극이 창의력과 문제 해결력을 키운다"고 말합니다. 그는 창의적인 성인의 어린 시절을 조사한 결과 대다수가 홈스쿨링을 했으며 그들만의 교육, 남과 다른 생각을 이끄는 사고 체계가 있다는 사실을 알았습니다.

세계적 과학자나 예술가는 어릴 때부터 오감을 활용하는 법을 아는 사람들이었습니다. 이를 활용해 에너지를 확장하고 사고의 기틀을 마련하는 시기가 유아기이므로 로버트 교수는 창의력 교육 중에서도 유아 창의력에 대해 관심을 갖습니다. 아울러 창의력 발달을 위해 아이들에게 세 가지를 가르치라고 말합니다.

첫째, 아이들이 평생 지식을 즐기는 지식 탐험가가 될 수 있도록 해야 합니다. 둘째, 본인 스스로 문제를 해결하는 도전의식을 길러줘야 합니다. 셋째, 무지를 가르침으로써 지식에도 한계가 있다는 것을 알려줘야 합니다. 로버트 교수는 이 세 가지를 통해 통합적 사고를 키울 수 있다고 강조합니다.

정답보다 중요한 건 질문이다. — 로버트 루트번스타인(Robert Root-Bernstein)

창조는 편집입니다

이 세상에 존재하는 것 대부분은 창조한 게 아닙니다.
뉴턴은 중력을 보편적인 힘인 만유인력으로 정의합니다.
당시에도 사람들은 무거운 물체일수록
중력이 강하게 작용하고, 거리가 멀수록
약하게 작용한다는 걸 알고 있었습니다.
우리가 알고 있는 아인슈타인 상대성이론의 배경에는
수학에서 리만 기하학의 탄생이 핵심 역할을 합니다.
이처럼 우리가 알고 있는 지식이나 정보 대부분은
무에서 유가 나올 수 없는 구조를 가지고 있습니다.
어쩌면 창조는 기존의 지식과 정보를 새롭게 해석하고
이미 존재하는 것들을 새롭게 창출해내는 것입니다.

창조는 편집이다. — 김정운

지금의 행복을 선물하세요

아이의 인생에서 가장 중요한 것은 무엇일까요?
부모가 아이에게 줄 수 있는 최고의 선물은 무엇일까요?
우리 모두가 처한 환경은 조금 다를지라도
그건 아마 삶을 즐길 줄 아는 능력이 아닐까요?
행복을 느끼고 전할 수 있는 능력이 아닐까요?
지금 아이와 나누는 양육과 교육이 힘들지라도,
경제적 능력과 가정 환경이 열악할지라도
그 안에도 행복은 존재합니다.
다만 그 행복을 느낄 줄 아는 것은
각 개인에게 준 신의 축복이지 않을까요?
그 축복의 시작은 부모로부터 출발합니다.
소중한 내 아이에게
지금의 행복을 선물하세요.

행복은 우리가 갖지 못한 것을 소유하는 것에서 오는 것이 아니라, 오히려 우리가 가진 것을 인식하고 감사하는 것에서 온다는 사실을 잊는 경향이 있다.
— 프리드리히 쾨니크(Friedrich Koenig)

JUL 31

 1+1=∞

요즘은 교실에서 자리 배치도 관계와 소통을 중시합니다.
학생 상호간의 긍정적인 상호의존 관계를 중시하고
집단 구성원 개개인의 책임을 강조합니다.
이를 위해 지식과 기술을 서로 배우고
나눌 수 있는 자리 배치를 합니다.
4~5명이 하나의 모둠을 구성해 서로 아는 것을 배우고 나눕니다.
서로의 지식을 공유하고 협업을 통해
새로운 해결 방법을 도출해내는 것이 중요합니다.
미래는 자신의 분야에서 전문적인 지식을 갖추고
구성원 간의 협업 능력을 어떻게 만들어 가느냐가 중요합니다.
새로운 가치와 기술은 상호간의 소통과 조화에서 출발합니다.

대립은 유익한 일이며, 서로 다른 것으로부터 가장 아름다운 조화가 생긴다.
— 헤라클레이토스(Heraclitos)

ง # 8월
AUGUST

성공은 IQ보다
투지, 호기심, 끈기에 달려 있다.
성공의 필수적 요소는
어린 시절 역경을 부딪히고
그것을 이겨내는 법을 배우는 것이다.
— 폴 터프, 《아이는 어떻게 성공하는가》 중에서

8월의 탄생화

1일: 빨강양귀비(Papaver) - 위로
2일: 수레국화(Corn Flower) - 행복
3일: 수박풀(Flower of an Hour) - 아가씨의 아름다운 자태
4일: 옥수수(Corn) - 재보(財寶)
5일: 구석남(Heath) - 고독
6일: 능소화(Trumpet Flower) - 명예
7일: 석류(Pomagranate) - 원숙한 아름다움
8일: 진달래(Azalea) - 사랑의 희열
9일: 시스투스(Cistus) - 인기
10일: 이끼(Moss) - 모성애
11일: 빨강무늬제라늄(Geranium Zonal) - 위안
12일: 협죽도(Oleander) - 위험
13일: 골든로드(Golden Rod) - 경계
14일: 저먼더(Wall Germander) - 경애
15일: 해바라기(Sun Flower) - 광휘
16일: 타마린드(Tamarindus) - 사치
17일: 튤립나무(Tulip-Tree) - 전원의 행복
18일: 접시꽃(Holly Hock) - 열렬한 사랑
19일: 로사캠피온(Rosa Campion) - 성실
20일: 프리지아(Freesia) - 순진, 천진난만
21일: 짚신나물(Agrimony) - 감사
22일: 스피리아(Spirea) - 노력
23일: 서양종보리수(Lime Tree, Linden) - 부부애
24일: 금잔화(Calendula) - 이별의 슬픔
25일: 안스륨(Flaming Flower) - 사랑에 번민하는 마음
26일: 하이포시스오리어(Hypoxis Aurea) - 빛을 찾다
27일: 고비(Osumunda) - 몽상
28일: 에린지움(Eryngium) - 비밀스러운 애정
29일: 꽃담배(Flowering Tabacco Plant) - 그대 있어 외롭지 않네
30일: 저먼더(Wall Germander) - 담백
31일: 토끼풀(Clover) - 약속

아이의 꿈을 기다려주세요

아이의 꿈을 강요하지 마세요.
유치원 시기부터 꿈을 묻고 대답하기 바랍니다.
아이의 꿈은 수시로 바뀌고 변할 수밖에 없습니다.
어쩌면 아이가 제대로 꿈꿀 수 없는 이유는 부모에게 있습니다.
꿈을 가지려면 아이의 재능과 노력이 뒤따라야 하고
사회를 보는 안목이 자라야 합니다.
그러니 조급함을 버리세요.
아이가 꿈꿀 수 있게 좋아하는 것,
잘하는 것을 실천할 기회를 만들어주세요.
그리고 꿈과 관련한 직업을 경험할 수 있도록 해보세요.
아이는 보고 느낀 만큼 꿈꿉니다.

꿈을 간직하고 있다면 반드시 실현할 때가 온다. — 괴테(Goethe)

좋은 부모는 충실한 조언자

대개 아이를 미성숙하고 불안정하고
실수투성이라고 생각하는 부모가 많습니다.
그래서인지 부모는 아이에게 지시를 하려고 합니다.
중요한 문제부터 사소한 문제까지
지시하고, 그대로 실천하지 않는다고 야단칩니다.
좋은 부모는 자녀의 생각과 판단을 존중합니다.
작은 일에서부터 아이의 의사를 존중하고 지지해줍니다.
이럴 때 아이는 마음의 문을 열고
진심으로 부모의 의견을 반영하려 합니다.
좋은 부모는 지시자가 아니라 충실한 조언자입니다.

순간순간 우리들 앞에는 두 갈래 길이 열린다. 사랑과 두려움의 갈림길이. 두려움은 우리를 유혹하지만 사랑은 그저 기다릴 뿐이다. — 현병호, 《우리 아이들은 안녕하십니까?》 중에서

창의성이 높은 아이로 키우는 7가지 방법

첫째, 아이를 미숙하고 부족하다고 보지 마세요.
아이의 생각, 감정, 행동, 상상은 창의성의 원천입니다.
둘째, 다양한 관찰의 기회를 만들어주세요.
관찰은 어떤 상황이나 사건, 사물을 이해하는 첫 번째 과정입니다.
세밀한 관찰과 기록은 창의적 사고의 기초입니다.
셋째, 아이에게 자유를 주세요.
아이 스스로 어떤 일을 구성하고 실천할 수 있는
교육 환경을 만들어주세요.
넷째, 아이의 상상력을 자극할 수 있는
자료와 활동을 다양하게 제공해주세요.
다섯째, 머릿속으로 여러 가지를 생각할 수 있는
기회와 경험을 제공해주세요.
여섯째, 놀이의 기회와 시간, 공간을 만들어주세요.
놀이는 아이의 창의적 발달의 기초가 됩니다.
일곱째, 아이의 호기심과 질문을 소중히 여겨주세요.
하고자 하고 알고 싶은 마음이 없다면
아이의 창의성을 사라져만 갑니다.

창의력은 단지 남들과 다르다는 단순한 게 아니다. 누구나 기적을 만들 수가 있으며 그것은 간단하다. 어려운 것은 바흐처럼 간단하게 최대한 심플하게 하는 것, 그것이 창의력이다. — 찰스 밍거스(Charles Mingus)

AUG 4

 아이와 함께 정답을 찾아보세요

아이가 묻습니다.
아빠 '무성'이라는 말이 뭐야?
순간 아빠는 당황합니다.
'어떻게 이야기해줘야할까?'
스마트폰을 만지작거립니다.
"음, 그건 말이야, 뭐가 엄청 많이 있다는 뜻이야."
"그럼 내 책도 무성이네?"
순간 아빠는 또 당황합니다.
"글쎄, 엄마한테 물어봐."

어느 집에서나 한 번쯤 있을 법한 이야기입니다.
아이는 세상의 모든 일이 궁금합니다.
아이가 질문할 때 어떻게 대답하는 게 바람직할까요?
먼저 아이의 이야기를 잘 들어주세요.
"글쎄, ○○은 무엇일까?"
아이의 주의를 끌고 눈높이에서 함께 관심을 가져주세요.
함께 답을 찾아가는 과정을 보여주거나
어떻게 해결하면 좋을지 물으면
대개 아이들은 정답을 찾아갈 수 있습니다.

어린이 교육은 공부하고 싶은 마음과 흥미를 북돋워주는 것이 가장 중요하다. 그렇지 않으면 책을 등에 진 나귀를 기르는 꼴이 되어버린다. — 몽테뉴(Montaigne)

배움에는 유연한 사고가 필요합니다

유연한 사고를 하는 사람은 건강합니다.
웃음이 많고 여유롭게 상황에 대처하고
삶의 생기가 깃들어 있습니다.
심리학자들은 연습을 통해
마음의 유연성을 기를 수 있다는 데 모두 동의합니다.
가장 중요한 것은 무엇보다 자신의 생각과
감정을 들여다보는 훈련입니다.
자기 마음 안에서 일어나는 일들을 잠시 멈추고
열린 마음으로 들여다보는 연습입니다.
또한 산책이나 휴식, 차 한 잔 등의 여유를 갖는다면
사고가 경직되는 것을 피할 수 있습니다.
가정에서 규칙과 질서에 맞게 생활하되
지나치게 엄격한 것도 경직된 사고를 유발하게 합니다.
유연한 사고는 스트레스나 불안, 상처,
무기력으로부터도 벗어나게 합니다.

내가 원하는 것이 반드시 이루어지는 것은 아니다. 하지만 목표를 실현할 수 있는 방식은 여러 가지가 있다. 오히려 비극은 하나의 방식만을 고집하기 때문에 생겨난다.
— 에픽테토스(Epictetos)

창의적 아이디어와 유머

유머라는 단어는 원래
'물속에서처럼 유연하다'라는 뜻의 Umere에서 나왔습니다.
심리학자들의 연구에 따르면 창조적인 능력과
유머 사이에는 매우 밀접한 관련이 있다고 합니다.
그것은 창의력과 유머의 속성을 생각해보면 알 수 있습니다.
아이디어나 창의적인 생각도 유머와 마찬가지로
예상되는 일상적 사고의 흐름에서 벗어났을 때 생깁니다.
그래서 아이디어를 얻기 위해서는 비판 없이
자유롭게 생각하는 것이 필요합니다.
우리가 아이디어 발상법으로 가장 많이 사용하는
브레인스토밍의 원칙 중 하나가 '비판이나 비난하지 않기'입니다.
새로운 창의적 아이디어 중에는 기존에 존재하지 않는 것을
전혀 연관성이 없어 보이는 것들과 결합해 만든 경우가 많습니다.
특히, 둘이 전혀 어울리지 않아서
아무도 결합하려 하지 않는 것들을 통해
전혀 상상하지 못했던 아이디어를 만드는 경우도 많습니다.
창의적 아이디어와 유머의 가장 큰 공통점은
둘 다 우리에게 삶의 여유와 즐거움을 준다는 것입니다.
삶에 여유를 갖고 유연하게 생각하며 성장하는 아이들은
유머가 풍부하고 창의적인 사람이 될 것입니다.

오만은 부모의 눈을 가릴 때가 있다. 부모는 뭔가를 잘하는 모습보다
노력하며 배우는 모습을 보여주는 게 좋은 양육 방법이다.
— 로버트 루트번스타인(Robert Root-Bernstein)

배움의 즐거움을 빼앗지 마세요

영어 유치원을 2년 다니고 이제 초등학교 1학년인 영윤이는 초등 저학년부에 들어가서 힘이 듭니다. 나름 영어 공부를 꾸준히 해왔고, 노출한 시간을 고려하면 한숨이 나옵니다. 수업을 따라가기 버거워하고, 매일 주어지는 숙제를 하기 싫어합니다. 매일 단어 15개를 다섯 번씩 써가야 하며 일주일에 한 번 문장 시험을 봅니다. 아직 문법을 모르니 틀리기 일쑤이지만 이것 또한 스트레스인 것만 같습니다. 현재 하고 있는 레벨보다 낮은 반에 가는 것은 아이가 싫다 하고, 그만두는 것은 엄마가 불안하니 걱정이 앞섭니다.

영윤이는 배움을 무엇이라 생각할까요?
배움에는 즐거움이 있고, 그 안에 자신한테 맞는
지식과 방법이 있어야 합니다.
아이에게 배움이 갖는 즐거움의 기회를 빼앗지 마세요.
배움과 생각에 대해 좋은 태도를 갖는다면
아이를 꿈꾸는 방향으로 인도해줄 겁니다.

천재는 다르다. 그들은 마음속 깊은 곳에 숨어 있는 자신의 욕망을 탐색하고 발견한다. 그리고 그것을 세상에서 가장 소중한 보물이라 여기며 삶을 통해 그것을 실현한다. — 배철현, 《심연》 중에서

먼저 도와주지 마세요

부모는 아이에게 자꾸 무엇인가를 해주고 싶습니다.
곁에서 도움을 주고, 조언을 해주고 싶어 합니다.
때로는 이렇게 저렇게 해보라고 지시합니다.
부모의 욕심이 클수록 가르치려 하고
아이에게 하지 말아야 할 것과 하면 안 되는 것을
먼저 이야기합니다.
하지만 다음에 또 비슷한 문제에 부닥치면
아이가 잘 해결해나갈 수 있을까요?
아이가 무엇인가를 하려고 열심히 노력하고 있을 때
부모의 반응이 중요합니다.
그 노력을 인정하고, 격려해주면 그만입니다.
아이의 도전을 믿고, 응원해주세요.
만약 도움을 요청한다면 그때 도와줘도 늦지 않습니다.

상상은 창조의 시작이다. 소원하는 것을 상상한 후 그 상상을 소원하자. 마침내는 상상한 것을 창조하게 된다. — 조지 버나드 쇼(George Bernard Shaw)

세상에서 가장 어리석은 일

시도조차 하지 않는 것은
세상에서 제일 어리석은 일입니다.
우리는 자신의 단점이 염려되어
어떤 일을 해보지도 않고 포기할 때가 있습니다.
이는 성공할 수도 있는 가능성을 없애는 일입니다.
생각을 전환하면
성공할 수도 있을 텐데 말입니다.

할 수 있는 능력이 있는데도 원하는 발전을 이루고 있지 못하면 그것은 자신의 목적이 분명하지 않기 때문이다. — 폴 메이어(Paul Meyer)

잘 노는 아이가 공부도 잘한다?

아이는 놀이를 통해
세상과 삶에 필요한 능력을 배웁니다.
특히 정서와 신체가 빠른 속도로 발달하는
유아기의 놀이는 그 중요성이 큽니다.
놀이는 신체와 정서, 사회성 발달을 촉진하고
상상력과 창의력을 키워주고, 학습 경험을 제공합니다.
놀이의 주체는 아이가 되어야 합니다.
그랬을 때 더욱 즐거움을 갖고, 많은 것을 얻을 수 있습니다.
아이가 하고 싶은 놀이에 시간을 할애해
함께 놀아주는 것은 바람직한 일입니다.
잘 노는 아이가 공부도 잘합니다.

인간은 놀이를 즐기고 있을 때만이 완전한 인간이다.
— 프리드리히 실러(Friedrich Schiller)

한 분야에 깊이 있는 지식

아이가 다양한 분야에 관심을 갖고
지식과 정보, 경험을 쌓아가는 것도 중요하지만
하나의 전문 분야를 깊이 있게 경험하는 것도 중요합니다.
자기 분야에서 뛰어난 성과를 보이는 사람들은
특별한 분야에 심취한 경우가 많습니다.
한 분야의 지식이 쌓이면 그러한 지식들이 서로 연결되어
분류, 통합, 추론 같은 높은 수준의 사고력을 키웁니다.
내 아이가 어디에 관심이 있는지 주의를 기울이고
관심 분야의 경험을 쌓을 수 있도록 이끌어주세요.

지식은 사랑이요, 빛이며, 통찰력이다. — 헬렌 켈러(Helen Keller)

성장을 위한 진정한 지식

공부는 '배움'과 '익힘'을 모두 아우르는 개념입니다.
그렇기에 공부는 당연히 '하는(doing)' 행위인데,
요즘은 '구경(watching)' 하는 공부를 더 강조하고 있습니다.
좋은 학원을 다니고, 수업을 듣는 것만으로
좋은 공부가 되는 것은 아닙니다.
자신의 경험과 '앎'을 위한 진정한 성찰 과정이 있어야
비로소 '익힘'을 완성하고 공부가 됩니다.
마찬가지로 좋은 책을 읽는 것만으로
지식이 되는 것은 아닙니다.
읽음으로써 의미를 만들고, 그 의미를 생각하고
일상 생활 속에서 적용하는 과정이 있어야
비로소 진정한 지식이 되고 아이는 성장합니다.

아이는 뇌의 모든 영역을 활용하여 사고하고 행동한다. 새로운 경험이나 학습을 통해 그 연결이 풍성해질수록 아이의 뇌는 더 많은 창의력을 이끌어낸다. — 김영훈, 《아이의 공부두뇌》 중에서

창의력이 중요한 시대

우리는 '별'이라는 단어를 쓸 수 있고,
소리 내어 말할 수도 있습니다.
그런데 별을 대하는 사람의 마음은 각기 다릅니다.
만일 물리학자라면 천체의 물리적 특성과
서로 간의 상호 작용을 알 수 있을 것입니다.
만약 천체학자라면 별들을 분류하고
망원경으로 관찰할 수 있을 것입니다.
만약 시인이라면 별과 관련한 수많은 시를 쓰고
별이 인간에게 어떤 정서를 끼치는지 알 수 있을 겁니다.
이렇듯 별을 대하는 사람의 시각은 모두 다릅니다.
미래에 아이에게는 지식을 통합해
새로운 결과를 창출해내는
창의력이 중요한 가치가 될 것입니다.

창의성은 예측할 수 없는 때에 발휘되고, 종종 지루하다며 징징거릴 때 최고조에 달한다. 그러니 지루해하더라도 개입하지 마라. 내버려두면 스스로 재미난 일을 찾아낸다. ― 린다 그리피스(Linda Griffith)

아이의 이야기에 귀 기울이세요

아이에겐 자기만의 생각이 자라고
그것을 표현하며 사고하는 힘이 생깁니다.
아이의 생각을 키우기 위해서는
다양한 생각과 의견을 접할 수 있는 기회가 중요합니다.
아이의 사소한 이야기에 귀를 기울이고
가능하면 솔직하고 자세히 말하는 기회를 나누세요.

정신의 특징 중 하나는 '그렇게 믿으면, 정말 그렇게 된다'는 데 있다. 우울하다고 믿으면 우울해질 가능성이 많고 행복하다고 믿으면 행복해질 가능성이 많다. — 맹정현, 《멜랑꼴리의 검은 마술》중에서

아이들이 스스로 판단하고 경험할 기회

부모는 걱정과 우려하는 마음 때문에
아이를 자신의 보호와 통제 안에 있게 하려고 합니다.
하지만 아이들은 낯선 환경에도 처해보고
다양한 사람을 경험하면서 성장합니다.
자립심을 키워주기 위해서는
실패를 두려워하지 않도록 무엇이든 경험하도록 하는 것이 좋습니다.
아이가 실패를 직접적으로 느껴
다음부터 실수를 반복하지 않도록 깨닫는 것이 중요합니다.
실패한 경험으로부터 아이는 많은 것을 깨닫습니다.
아직 빈약한 직관과 사고를 갖고 있을 때
부모가 여러 선입관을 형성할 개념과 판단을
주입하는 경우가 많습니다.
이로 인해 아이는 훗날 자신의 경험을 통해
자연스럽게 받아들이지 않고, 배운 지식에 맞추려 합니다.
아이가 스스로 판단하고 행동하고
깨달을 수 있는 기회를 주세요.
알고 나서 행동하는 것이 아니라
먼저 행동하고 나서 알게 되는 것이 순서입니다.
아이가 무엇을 인식하고 있는지 깨달은 다음
순서에 따라 지식을 알려주세요.

만일 내게 쌀을 준다면 나는 그것을 오늘 먹을 것이다. 만일 내게 쌀을 경작하는 방법을 가르쳐준다면 매일 먹을 것이다. ― 간디(Gandhi)

자신의 잘못부터 돌아보는 아이

아이는 부모의 사랑을 잃을까봐
자기 잘못을 다른 사람의 탓으로 돌리곤 합니다.
책임을 회피하려고 합니다.
아이가 잘못을 했을 때는
자신에게 원인이 있다는 점을 일러주세요.
원인을 바로잡으면 결과가 좋아진다는 것을 알려주세요.
생각을 바꾸고 행동으로 실천하도록 도와주세요.
자기 잘못부터 돌아보는 아이는
어느새 책임감 강한 아이로 자라납니다.

책임이란 말을 빼버리면 인생은 아무 의미도 없다.
― 라인홀드 니버(Reinhold1 Niebuhr)

아이의 선택을 존중하세요

많은 선택 경험이 쌓여 아이의 인생이 만들어집니다.
아이는 무엇을 하고 놀지, 어떤 책을 볼지, 누구를 만날지 등
하루에도 수많은 선택의 기회를 갖습니다.
선택의 기회가 주어질수록
아이는 자신이나 외부 환경을 통제하는 힘을 키웁니다.
여러분이 지금 어디에서 무엇을 할 것인지
선택할 기회는 무수히 많습니다.
누군가 여러분에게 해야 할 일과 시간을 정해준다는
어떤 마음과 생각이 들까요?
모든 결과는 선택에 달려 있다는 걸 아이에게 가르쳐주세요.
자신을 스스로 다스릴 줄 아는 아이가
자신의 생각과 행동을 만들어갑니다.

내일 우리 아이들의 성품은 오늘 무엇을 배우느냐에 달려 있다. — 파스칼(Pascal)

미래 사회는 창의 융합형 인재를 원합니다

앞으로의 교육 과정은 '창의 융합형 인재'를 강조합니다.
과목 간 통합뿐만 아니라 주제별 통합 교육을 지향합니다.
이는 인문학적 상상력과 과학기술 창조력을 갖춘
창의 융합형 인재를 양성하기 위함입니다.
미래 사회는 서로 다른 다양한 가치의 통합을 통한
새로운 문화의 창출을 요구합니다.
이를 위해서는 그에 알맞은 인재를 키우는 것이 우선입니다.
삶의 룰과 교육의 룰은 이미 변화하고 있습니다.

시련과 고생을 통해서 인간의 정신은 단련되고 또한 어떤 일을 똑똑히 판단할 수 있는 힘이 길러지며 더욱 큰 야망을 품고 그것을 성공시킬 수 있는 것이다.
— 헬렌 켈러(Helen Keller)

무엇을 어떻게 융합할 것인가?

최근 교육의 방향은 스토리텔링과 융합 교육으로 가고 있습니다.
일곱 살, 은수 엄마는 독서 교육에 전념하고 싶어
새로운 영역의 초등 전집을 삽니다.
초등학교 1학년, 정민이 엄마는
수학을 영어로 가르치는 영어 학원에 등록합니다.
초등학교 2학년 은주는 융합 학원에 다니며
창의 융합 어휘 문제와 창의 융합 수학 문제를 매일 풉니다.
진정한 융합 교육을 이루기 위해서는
단순하게 과목을 합치는 것을 넘어
통합적이고 융합적으로 세상을 바라보고,
문제를 해결하는 능력을 키워줘야 합니다.
그러기 위해서는 부모가 먼저 융합 교육의
의미, 필요성, 방법을 알고
그 길을 고민해야 합니다.

옳은 행동을 하고 남보다 먼저 모범을 보이는 것이 교육이다. ― 순자(荀子)

미래 교육의 가장 중요한 세 가지 요소

어떻게 생각할 것인가?
'어떻게 탐구할 것인가?
어떻게 실천할 것인가?

오늘날의 교육은 이론을 가르치면서도 이를 실제 세계에 적용하는 방법은 가르치고 있지 않다. 이는 상상력 결핍으로 이어진다. — 지앤 뱀버거(Jeanne Bamberger)

이런 아이가 바로 융합형 인재

융합형 인재는 어떤 특징이 있을까요?
우선 유행에 민감하고 새로운 시도를 좋아합니다.
모르는 것을 두려워하지 않고,
엉뚱한 경험을 좋아하며
다양한 관점에서 생각합니다.
이런 아이는 생활 주변에서 다양한 경험을 바탕으로
끊임없이 이를 반복하려 합니다.
또 무엇인가를 끊임없이 만들고 조작합니다.
개방적 사고와 유연성, 창의성을 가진
아이가 바로 융합형 인재입니다.

생각에는 값을 매길 수 있다. 어떤 것은 비싸게, 어떤 것은 싸게. 그런데 그 생각에 대한 지불은 어떻게 할까? 내 생각에 정답은 '용기'에 있다.
— 루트비히 비트겐슈타인(Ludwig Wittgenstein)

AUG 22

 정보와 지식을 내 것으로 만드는 지혜

요즘은 언제든지 검색으로 모르는 것을 찾을 수 있습니다.
이를 지식이라고 생각할 수 있지만 이건 지식의 전 단계인 정보입니다.
정보란 사전적으로 '사정이나 정황에 관한 소식이나 자료'를
지식은 '배우거나 실천하여 알게 된 명확한 인식이나 이해'를 말합니다.
정보를 자신의 것으로 만들지 못하면
그것은 '정보'일 뿐 '지식'이 되지 못합니다.
자녀교육에 대한 정보는 알고 있으나
그것을 실천하지 못하면
결코 내 지식이 되지 않는 것과 같습니다.
자신의 정보와 경험으로 새로운 것을
만들어낼 수 있느냐가 중요합니다.
언제든지 인터넷을 연결할 수 있는 시대에는
'정보를 외우는 것'보다
'정보를 꺼내 활용하는 것'에 중점을 두어야 합니다.

유전적 차이를 떠나 지금 내 지능을 끌어올려줄 수 있는 전략이나 행동은 없을까?
있다. 바로 성장 사고방식, 전문가처럼 연습하기, 기억의 단서 만들기다.
— 헨리 뢰디거 외, 《어떻게 공부할 것인가》 중에서

경험이 최고의 지식

친구와 대화하는 법, 도구를 사용하는 방법 등
사람은 누구나 경험을 통해 지식을 쌓습니다.
경험을 통해 지식을 습득하는 것이
가장 효과적인 공부법입니다.
어떻게 하면 친구를 잘 사귈 수 있을까?
어떻게 하면 공부를 잘 할 수 있을까?
우리의 뇌 속에는 수많은 생각과 경험이 담겨 있습니다.
그 경험을 통해 행동하고 실천하는 것 자체가
바로 살아 있는 공부입니다.
사랑이나 우정, 믿음, 지식, 관용 또한
경험을 통해 풍부해집니다.
경험이 곧 지식입니다.

아이 같은 행동을 장려하고, 장난스러움을 격려하면 창의성이 발휘된다.
— 프레데릭 페르트(Frederik Pferdt)

경험과 지식의 상호 작용이 지혜를 만듭니다

어떤 것을 배울 때
무슨 뜻인지 모르거나 잘 이해되지 않는다면
그것과 관련한 정보가 부족하거나 없기 때문입니다.
정보를 얻지 못한 채 새로운 경험을 하면
다양한 문제에 부딪힐 수 있습니다.
운전하는 법을 모르고 자동차를 몬다면
당연히 사고가 날 것입니다.
지식은 또한 경험의 전 단계 역할을 합니다.
경험 없는 지식은 현실과 괴리가 있고,
지식 없는 경험은 무지와 같습니다.
지식도 중요하지만 그걸 어떻게 활용하고
어떻게 새로이 창조하느냐도 중요합니다.
경험과 지식의 상호 작용이 지혜를 만듭니다.

창의적인 사람이 되고 싶으면 계속 뭔가를 배우기 시작해야 한다.
— 줄리엔 코스트(Julieanne Kost)

생활 속에서 배울 수도 있어요

5학년 세영이는 수학을 잘 못합니다.
수학을 못한다는 생각에 수업 시간이 가까워지면
머리가 아프고 두근두근 심박 수가 빨라집니다.
하지만 포기하지 않습니다.
1킬로미터가 얼마나 되는지 알기 위해 직접 걸어봅니다.
피라미드 규칙을 알기 위해 나무를 쌓아봅니다.
나뭇잎을 통해 규칙성을 찾아봅니다.
이렇게 세영이는 수학이 우리 생활 속에 있으며
결코 두렵거나 어려운 공부가 아님을 학습해갑니다.
세영이는 이제 수학 문제를 푸는 것도,
틀리는 것도 두려워하지 않습니다.
모르는 것을 부끄럽게 여기지 말아야 합니다.
아이들은 배움이 자기 삶과 연결될 때,
배우고 싶은 것을 배울 때,
스스로 배움의 주도권을 가질 때,
더 잘 배웁니다.

행복은 현재와 관련이 있다. 목적지에 닿아야 행복해지는 것이 아니라 여행하는 과정에서 행복을 느끼기 때문이다. — 앤드루 매슈스(Andrew Matthews)

세상 모든 지식은 서로 연결되어 있습니다

공부를 하면 할수록
책을 읽으면 읽을수록 깨닫는 것은
모든 지식이 서로 연결되어 있다는 것입니다.
사물이나 사람, 정신에 이르기까지 모든 것이 그러합니다.
즉 세상 모든 지식은 먹이사슬처럼 서로 의지하고,
도움을 주고받으며 존재합니다.
왜냐하면 지식은 인류가 자연을 접하고 변화시키는
과정 속에서 알아낸 것이기 때문입니다.
그러므로 어떤 사물이나 대상, 현상에 대한 지식이 부족하다면
그것과 연결되어 있는 다른 것들을 유추해 찾아보고,
관련 지식을 여러모로 확장하도록 도와주세요.
그러면 이해되지 않는 것이 보이기 시작하고
모르던 것을 알게 되어 지식을 통합할 수 있습니다.

상상력을 최고로 활용하는 것은 창의력에 사용하는 것이고, 최악으로 활용하는 것은 걱정에 사용하는 것이다. — 디팩 초프라(Deepak Chopra)

창조에 마법이란 순간은 없습니다

세계 최초의 비행 기록을 세운 라이트 형제.
라이트 형제는 자전거를 보고 '날개 달린 자전거'를 상상합니다.
상상과 호기심에서 시작한 연구는
수많은 시행착오를 거듭한 끝에 결실을 맺게 됩니다.
창조에 마법의 순간이란 없습니다.
의구심, 실패, 조롱, 거절 속에서도
새롭고 유용한 무엇인가를 만들기 위해
끊임없는 인내와 노력이 필요할 뿐입니다.

내가 이렇게 뛰어난 기량을 얻기 위해 얼마나 열심히 노력했는지 사람들이 안다면 이 그림이 전혀 놀랍지 않을 것이다. — 미켈란젤로(Michelangelo)

자녀교육은 속도보다 방향이 중요합니다

인생은 속도보다 방향이 중요합니다.
자녀교육도 마찬가지입니다.
아이를 빨리 성장시키는 게 중요할까요?
공부 능력을 빨리 키워주는 게 중요할까요?
아이의 가슴에 손을 얹어 보세요.
아이의 머리에 손을 얹어 보세요.
아이의 가슴과 머리에 무엇을 담아 줄 것인지
어떤 방향을 제시해 주어야 하는지
생각하고 고민하는 게 먼저입니다.

자식을 교육하려면 조용하고 침착하며 정중한 태도를 유지하고 마음에 공손함을 갖춰야 한다. — 소학(小學)

사색으로 얻는 지혜

불교에는 '세 가지 지혜(三慧)'가 있습니다.
보고 듣고서 얻는 지혜,
사색해서 얻는 지혜,
실천하는 지혜가 그것입니다.
여기서 우리가 주목할 것은 두 번째 지혜인 사색입니다.
사색은 지식을 지혜의 차원으로 연결하는 역할을 합니다.
사색하지 않으면 지식은 머리에 머무릅니다.
내가 배우고 익힌 지식이 삶에서 왜 중요한지,
어떤 의미를 갖는지 스스로 생각하고, 의미를 찾아야 합니다.
하지만 알고 있는 지식을 바로 실천할 경우에는 위험이 따릅니다.
자동차 운전하는 법을 알고 있다 해서
바로 도로 주행에 나서면 위험한 것처럼 말입니다.
아이 스스로 지식과 삶을 연결하기란 쉽지 않습니다.
다양한 사회 현상과 가치 그리고 관점에 대해
스스로 생각 주머니를 키울 수 있도록 해야 합니다.

독서는 다만 지식의 재료를 공급할 뿐 그것을 자기 것이 되게끔 하는 것은 사색의 힘이다. ― 존 로크(John Locke)

지금 이 시간이 소중해요

아이가 자라는 모습만 봐도 행복하지 않으세요?
잠자리에 든 아이의 숨결에도 행복은 있습니다.
우리 인생이 정말 짧은 찰나에 지나가버리듯
아이들도 금방 자라납니다.
아이가 초등 시기의 끝자락이 시작되면
세상의 중심이
친구, 학교, 공부로 점차 변화합니다.
내 아이와 함께할 수 있는 시간이
얼마 남지 않았다는 뜻입니다.
그러니 아이와 함께하는 지금 이 순간을
소중히 여기고 사랑하세요.

내가 제일 좋아하는 꽃은 그 이름이 무엇이든 내 손을 뻗어 내 시간과 정성을 들인 꽃이란 것을 알았다. — 마종기, 《우리 얼마나 함께》 중에서

두뇌 활용법의 핵심

가끔 강의 때문에 4시에 일어나야 할 때가 있습니다.
알림을 맞춰놓아도 꼭 일어나야 한다는 걸 인지하면
4시 이전에 눈이 떠질 때가 많습니다.
아이는 기쁘고 설레는 여행, 생일, 성탄절을 맞이할 때면
어떤 날보다 일찍 일어납니다.
아이가 어떤 일을 좋아할 수 있도록 하세요.
물론 가치 있고, 바람직한 일이면 더욱 좋겠지요.
우리 뇌가 어떤 목표를 설정하면
우리 몸의 다른 부분은 그 목표를 추구합니다.
그러면 뇌는 목표를 향해 활발하게 움직입니다.
이것이 바로 두뇌 활용법의 핵심입니다.
생각이 끊이지 않도록 노력할 때 효과는 더욱 커집니다.
생각하면 창의성이 발현되고
활성화한 장기 기억 인출 능력이 작용해
평소 미처 생각하지 못했던 기발한 아이디어가 나옵니다.
가끔은 긴장한 상태로 몰입하는 것보다
온몸의 힘을 빼고 편안한 자세로 앉아서
풀리지 않는 문제를 천천히 생각하는
슬로 싱킹(slow thinking)도 효율적입니다.

창의적인 아이디어를 구한다면 밖으로 나가 걸어라. 천사는 산책하는 사람에게 속삭인다. — 레이먼드 인먼(Raymond Inmen)

9월
September

부모가 아이에게 물려줄 수 있는
최고의 유산은 바로 좋은 습관이다.
더 이상 아이에게
말만 하지 말고 솔선수범하라.
부모가 만들어준 좋은 습관이
아이의 인성과 인생을 좌우한다.
— 김은미, 《말만 하는 부모, 상처받는 아이》 중에서

9월의 탄생화

1일: 호랑이꽃(Tiger Flower) - 나를 사랑해주세요
2일: 멕시칸아이비(Cobaea) - 변화
3일: 마거리트(Marguerite) - 마음속에 감춘 사랑
4일: 뱀무(Geum) - 만족한 사랑
5일: 느릅나무(Elm) - 신뢰
6일: 한련(Nasturtium) - 애국심
7일: 오렌지(Orange) - 새색시의 기쁨
8일: 갓(Mustard) - 무관심
9일: 갓개미취(Michaelmas Daisy) - 추억
10일: 흰색과꽃(China Aster) - 믿는 마음
11일: 알로에(Aloe) - 꽃도 잎새도
12일: 클레마티스(Clematis) - 마음의 아름다움
13일: 버드나무(Weeping Willow) - 솔직
14일: 마르멜로(Quince) - 유혹
15일: 다알리아(Dahlia) - 화려함
16일: 용담(Gentina) - 슬픈 그대가 좋아
17일: 에리카(Heath) - 고독
18일: 엉겅퀴(Thistle) - 엄격
19일: 사초(Carex) - 자중
20일: 로즈메리(Rosemary) - 나를 생각해요
21일: 사프란(Autumn Crocus) - 후회스러운 청춘
22일: 퀘이킹그래스(Quaking Grass) - 흥분
23일: 주목(Yew Tree) - 고상함
24일: 오렌지(Orange) - 새색시의 기쁨
25일: 메귀리(Animated Oat) - 음악을 좋아함
26일: 감(Date Plum) - 자연미
27일: 떡갈나무(Oak) - 사랑은 영원히
28일: 색비름(Love-Lies a Bleeding) - 애정
29일: 사과(Apple) - 명성
30일: 삼나무(Cedar) - 웅대

공부도 아이의 힘을 믿으세요

아이와 자신을 하나라고 인식하는 부모가 많습니다.
아이의 삶을 자기 삶과 동일시하는 부모도 많습니다.
아이의 삶을 통제하고 가이드라인을 정하는 부모도 많습니다.
무엇 하나 아이 스스로 결정하지 못합니다.
"엄마, 이거 몇 개 먹어요?"
"엄마가 잘라줄게. 나머지는 이따 먹어."
"엄마, 이거 할까요?"
"엄마가 그거 하지 말라고 했어, 안 했어!"
부모는 아이의 힘을 빼앗아가고
아이는 스스로 하는 힘을 잃어버립니다.
아이는 부모의 통제에 익숙해지고
자연스럽게 의존형 인간으로 자랍니다.
아이는 어려움과 도전이 있을 때 성장하는 법입니다.
진정 좋은 부모는 아이 스스로의 힘을 믿습니다.
배움도 마찬가지입니다. 모든 학습 과정에서
처음부터 끝까지 아이 스스로 하는 힘을 길러주세요.
학습에서 주도적인 아이는 가르쳐주길 바라는 수동적인 아이와
배움의 차원이 다릅니다.
부모는 아이가 스스로 공부하도록
도와주고 인정하는 존재여야 합니다.

강력한 이유는 강력한 실천을 낳는다. — 윌리엄 셰익스피어(William Shakespeare)

푸른 숲을 꿈꾸는 내 아이의 뇌

우리의 뇌는 하나의 숲을 이루고 있어요.
수많은 신경 전달 물질로 가득하지요.
어린 시기의 두뇌는 스펀지 같아서
새로운 것을 쉽게 받아들이고 재미있어합니다.
정상적이고 건강한 두뇌는
거의 모든 종류의 기술과 경험을 받아들입니다.
여름날의 무성한 나무숲 같은 뇌세포로 성장시키려면
풍부하고 긍정적이고 따스한 환경을 만들어주세요.
아이의 뇌가 푸르른 나무숲을 이루려면
많은 시간과 노력이 필요해요.
반대로 불과 두세 달 정도 아이를 방치하면
아이의 뇌는 겨울철의 앙상한 나무처럼 되어버립니다.
지금 이 순간에도 성장하고 꿈틀대는 내 아이의 뇌가
푸른 숲을 이룰 수 있도록 옆에서 도와주세요.

어쩌면 우리는 죽을 때까지 아이일지도 모른다. 어린 시절의 경험은 분명 성인이 되고 나서도 영향을 미친다. — 앨리슨 고프닉(Alison Gopnik)

창조는 때론 고통의 결과

'위대함', '완벽함', '탁월함' 같은 말들을 뛰어넘는
천재 조각가이자 화가 미켈란젤로.
그가 그린 로마 시스티나 성당의 41.2×13.2m 천장화.
4년 동안 하루 18시간 이상씩 그려 완성한 대작입니다.
이 그림을 그리는 동안 오른팔이 뒤로 돌아가 척추가 휘고,
하늘만 바라보고 있다 보니
눈동자가 위로 돌아가 초점을 잃어 시작장애를 얻고
땅으로 떨어지는 염료 때문에 온몸에 두드러기가 생기고
몸을 고정하고 그림을 그리다 보니 등 뒤에는 욕창이 생기기도 합니다.
그가 아니면 위대한 작품은 탄생하지 않았습니다.
이 그림을 그리면서 그는 즐겁고 낭만적이고, 흥미로웠을까요?
아마 수십 번 포기하고 싶은 마음이었을 것입니다.
창조는 끊임없는 인내와 노동의 결과라는
사실을 다시 한 번 보여줍니다.

상상력은 창조의 시발점이다. 당신은 원하는 것을 상상하고 상상하는 것을 행동에
옮길 것이며, 종국에는 행동에 옮길 것을 창조하게 된다.
— 조지 버나드 쇼(George Bernard Shaw)

창의력 높은 아이

창의력이 높은 아이는
세상이 궁금하고 알고 싶은 게 많습니다.
질문이 많은 덕분에 어휘력이 발달합니다.
일방적 지시나 간섭이 아닌 좋아하는 일을 탐색합니다.
남다른 생각을 하고 자신의 감정에 솔직합니다.
어떤 일이든 재미있어하고, 유머 감각이 풍부합니다.
무엇이든 실천해보려 하고 어려운 일에 도전하려 합니다.
모험을 즐기고 실패를 두려워하지 않습니다.

어떤 아이든 잠재력의 형태로 창의력을 지니고 있습니다.
이러한 창의적 잠재력을 가진 아이를 자극하고,
그 잠재력을 발견해 길러주는 사람이 바로 부모입니다.

창의적인 사람들은 여러 면에서 서로 다르지만 한 가지 점에서는 일치한다. 그것은 자신이 하는 일을 사랑한다는 사실이다. — 미하이 칙센트미하이(Mihaly Csikszentmihalyi)

창의력 뒤에 숨은 노력

창의력은 누구나 가질 수 있는 능력입니다.
하지만 창의력 뒤에 숨은 노력에 초점을 두어야 합니다.
우연에 의해, 순간의 발견에 의해
어느 한순간 이루어지는 것이 아닙니다.
대부분 평범하지만 매일 노력을 실천해야 합니다.
그렇다고 늘 창의적일 필요는 없습니다.
늘 창의적으로 살아간다면 아마 삶이 뒤죽박죽이 될 것입니다.
창의적으로 사고하기 위해서는
노력과 연습이 필요합니다.
창조한다는 것은 힘들지만 자신의 일을 끝까지 성취해나가는 과정
즉, 어쩌면 누구나 아는 평범한 진리인
땀과 노력의 과정일 것입니다.

어떤 종류의 성공이든 인내보다 더 필수적인 자질은 없다. 인내는 거의 모든 것, 심지어 천성까지 극복한다. — 록펠러(Rockefeller)

창의력을 방해하는 걸림돌

창의적 사고를 위해
연습과 노력보다 먼저 해야 할 일은
걸림돌을 제거하는 것입니다.
선입관, 편견, 기존의 상식에 따라 생각하고 행동하는 것,
여러 다양한 관점에서 보지 않고 자기중심적인 사고,
타인의 평가나 비난 등 남의 시선에 대한 지나친 의식,
지나친 현실주의나 안전 중시,
유머 감각의 부족 등.
이런 걸림돌을 미리 제거하지 않으면
숨은 잠재력을 발휘할 기회를 놓칩니다.
걸림돌을 제거하고 그 자리에 디딤돌을 놓아보세요.

길을 걸을 때 돌이 나타나면 패자는 그것을 걸림돌이라 말하고, 승자는 그것을 디딤돌이라 말한다. ― 토머스 칼라일(Thomas Carlyle)

양성성이 높은 아이로 키우세요

"남자니까 울면 안 돼. 남자애들은 축구 하고 놀아야 해."
"여자니까 인형 가지고 놀아. 힘든 일은 남자애들이 하는 거야."

아이의 성 정체성은 부모의 모습을 그대로 담습니다.
성 역할에 대한 편견은 우리 사회에 뿌리 깊게 자리 잡고 있습니다.
아이에게 전하는 성 역할과 부모 모습은 아이의 미래에
커다란 영향을 미칩니다.
평소 아빠가 설거지, 청소 등 집안일에 적극적이고
여자 역할을 강요하지 않는 아이는 양성성이 발달합니다.
성 역할에 대한 고정관념은 아이의 미래를 선택하는 데
커다란 걸림돌로 작용할 수 있습니다.
양성성이 높을수록 개방성, 독창성이 강하고 창의력을 잘 발휘합니다.
두 가지 성 역할을 균형 있게 키워줄 때
아이의 가치와 경쟁력은 더욱 커집니다.
부모가 성 역할에 대해 고정관념을 버리면
아이는 더 창의적이고 건강한 사회성을 가진 아이로 자랍니다.

성 역할을 지나치게 강조하는 것은 많은 재능, 특히 창의적 재능을 개발하는 데 심각한 장애 요인이 된다. 남자에겐 감수성을, 여자에겐 독립심을 북돋워 양성성의 균형을 맞춰갈 때 창의적 인재가 될 수 있다. — 엘리스 폴 토런스(Ellis Paul Torrance)

창의적 능력을 발휘하려면

많은 연구가 밝혀낸 창의적인 사람들의 특성은
정교성, 민감성, 융통성, 독창성, 확산적 사고 등입니다.
하지만 이는 창의적인 사람들에게서 나타나는 결과이지
창의적 능력을 만들어내고, 사용하는 과정이 아닙니다.
그렇다면 무엇이 그러한 결과를 만들어내는 것일까요?
그 첫 번째는 바로 독서입니다. 지식의 축척이라는 목적보다
훨씬 더 중요한 사고 능력을 위한 기초는 읽기를 통해 길러집니다.
또한 다양한 언어적 표현과 감수성과 생각하는 힘을 키웁니다.
또 다른 중요한 요인은 바로 정서 혹은 감정입니다.
우리가 어떤 의사 결정을 하거나 선택의 문제에 부닥치면
논리보다는 정서의 통제를 받기 쉽습니다.
실제로 창의적인 문제 해결이나 의사 결정을 위해서는
정서와 감정을 다양하고 깊은 수준으로 지녀야 합니다.
마지막으로는 다양한 환경을 접하는 것입니다.
창의적 아이디어를 만들어내지 못하는 이유는
우리 두뇌에 아이디어가 없기 때문만은 아닙니다.
아이디어가 있지만 꺼내지 못하는 경우도 많습니다.
다양한 영역의 지식을 사용해볼 시간과 경험을 갖는다면
보다 창의적인 능력을 발휘할 수 있습니다.

사람들이 왜 새로운 생각을 두려워하는지 이해할 수 없다. 나는 오래된 생각이 두렵다. ― 존 케이지(John Cage)

무엇을 위해 공부하는가?

요즘 아이들은 공부하는 것 자체가 목적이고
좋은 점수를 받는 게 목표가 되어버렸습니다.
오직 공부를 위한 공부만 실천합니다.
왜 배우는지, 무엇을 배우는지도 모른 채 말입니다.
조선 시대의 철학자·경제학자·교육학자인 율곡은
초등학생을 위한 교육서 격인 《격몽요결》 첫 장에서
입지(立志)의 중요성을 강조합니다.
학문을 하는 데 제일 먼저 필요한 것은
바로 뜻을 세우는 것이라고 말합니다.
누구나 하기 때문에 공부하는 게 아니라
어떤 삶과 목표를 위해 공부하는지 알고,
무엇을 공부해야 할지 찾도록 도와야 합니다.
뜻이 분명한 아이는 작은 흔들림은 있을지언정
삶이나 목표를 위해 끊임없이 동기 부여를 받고
변치 않는 마음의 심지를 갖습니다.

목표를 달성하는 방법에 대해 비결이라고 할 만한 것 하나를 소개하면 그것은 집중하는 것이다. 목표를 달성하는 사람은 중요한 것부터 먼저 하고 한 번에 한 가지 일만 수행한다. — 피터 드러커(Peter Drucker)

새롭고 좋은 습관을 가꾸는 것

우리 주변을 보면 시간을 하찮게 여겨
너무 안이하게 하루하루를 보내는 가정이 많습니다.
스마트폰으로 동영상을 보거나 게임하는 것을
아무렇지 않게 여기는 부모가 너무나 많습니다.
아이의 나쁜 습관을 바로잡아주지 않으면
아무것도 배우지 않는 사람이 되고 맙니다.
취침과 기상, 여가, 공부에 임하는 자세, 독서, TV 시청 등
일상의 시간을 소중히 여겨야 합니다.
새롭고 좋은 습관을 가꾸는 것이
배움에 임하기 전 가꾸어야 할 아이의 자세입니다.

목적 없는 공부는 기억에 해가 될 뿐이며 머릿속에 들어온 어떤 것도 간직하지 못한다. — 레오나르도 다 빈치(Leonardo da Vinci)

배움을 구하는 사람의 마음가짐

어떤 일을 접할 때 이치를 따지고,
글을 읽을 때 정성껏 생각하고,
자기 몸과 마음을 항상 바르게 하고,
항상 올바른 것을 생각하고,
공경하는 마음을 가져야 합니다.
매일 자기의 몸과 마음을 살펴
혹시 올바르지 않은 것이 있는지 살피고,
고쳐나갈 수 있도록 해야 합니다.
배움을 구하는 사람은 마음가짐이 중요합니다.

나는 유별나게 머리가 똑똑하지 않다. 특별한 지혜가 많은 것도 아니다. 다만 나는 변화하고자 하는 마음을 생각으로 옮겼을 뿐이다. — 빌 게이츠(Bill Gates)

공부는 호기심과 궁금증을 충족시켜야 합니다

초등 5학년부터는 공부가 어렵다고 하는데 정말로 그런가봐요. 선행 학습을 시키지 않아서 그런지 공부에 대한 자신감도 없고, 학교 수업에 집중을 못하는 것 같아 걱정입니다. 배운 것도 잘 까먹고 실수도 많아 답답합니다. 그런데 학원을 3개월째 보내도 전혀 소용이 없는 것 같아 불안합니다. 공부는 흥미와 습관이라고 하는데, 어찌하면 좋을까요?
— 어느 초등학교 부모님의 글

초등 5학년이라면 아이는 쉽게 변하지 않을 가능성이 많습니다.
그동안 실천했던 교육 방법과 양육 방식, 가정 환경 요인 때문입니다.
공부 습관 중 단순 암기 위주는 아이의 흥미를 떨어뜨립니다.
공부는 무릇 호기심과 궁금증을 충족시켜야 합니다.
그래야 자기 주도 학습 습관을 익힐 수 있습니다.
단순 암기나 문제 풀이, 과제 중심의 학습은
공부에 대한 흥미를 떨어뜨리고 거부 반응을 불러일으킵니다.
아울러 지나치게 공부 결과나 점수에 집착하지 않도록 해야 합니다.
점수보다 과정에 주목하도록 하면 집중력을 키울 수 있습니다.
공부는 흥미가 생기면 습관이 생기고,
습관이 되면 새로운 흥미를 불러일으킵니다.

우리가 해야 할 일은 끊임없이 호기심을 갖고 새로운 생각을 시험해보고 새로운 인상을 받는 것이다. — 월터 페이터(Walter Pater)

SEP 13

 아이 교육의 길이 어려운 이유

교육의 길은 정말 어렵습니다.
무엇 때문에 이리 어려울까요?
부모는 아이에게 다양한 교육 프로그램을 제공해
더 나은 실력과 능력을 갖추길 바랍니다.
이를 위해 정말 오랜 시간에 걸쳐 많은 비용과 노력을 들입니다.
교육에 대한 인풋(input)은 즉각적이지만
아웃풋(output)은 상당히 많은 시간이 필요합니다.
적어도 초등 3·4학년 정도는 되어야 아이의 실력이 얼마간 발현됩니다.
10년 이상의 긴 시간이 필요하다는 얘깁니다.
그 오랜 기다림이 부모를 힘들게 하고 지치게 합니다.
그래서 가끔은 방관하기도 하고, 방임하기도 합니다.
부모가 교육의 길을 알고, 그 길을 비춰줄 수 있어야 합니다.
그럴 때만이 아이의 성취를 이끌어낼 수 있습니다.

교육의 목적은 기계를 만드는 것이 아니라 인간을 만드는 데 있다. — 루소(Rousseau)

아이 교육에는 때가 있습니다

세상 모든 일에는 때가 있습니다.
교육도 마찬가지입니다.
얼마나 오랫동안 공부하고 연습하느냐보다
언제가 가장 좋은 때인지 아는 게 중요합니다.
내 아이의 정서, 사회성, 도덕성, 학습 능력, 독서 능력 등
모든 발달 측면에 대한 지식과 정보를 아는 것이 먼저입니다.

가장 바쁜 사람이 가장 많은 시간을 갖는다. ― 알렉산드리아 피네(Alexandria Fine)

스스로 공부하는 아이는 거의 없습니다

스스로 공부하는 아이는 모든 부모의 꿈입니다.
스스로 공부하길 바라지만 대부분의 아이는 그렇지 못합니다.
스스로 예습 복습을 하는 아이는
아마 1%도 되지 않을 것입니다.
부모의 기대만큼 따라와주는 아이는 거의 없습니다.
아이의 실력이 부족하고, 교과 내용을 못 따라오는 것만 같아
'과연 공부 머리는 있을까?' 걱정하는 부모가 많습니다.
한 번 가르쳐서 모르면 두 번, 세 번 반복하면 됩니다.
모르는 것을 그냥 넘어가면 알지 못하게 되고
알지 못하니까 더 공부하지 않으려 하는 것입니다.
부모가 포기하지 않으면 아이는 좀 늦더라도 변하고 성장합니다.
스스로 공부하는 아이를 기대하지 말고
스스로 공부하는 힘을 키워주세요.
부모가 먼저 포기하지 마세요.
아이는 여전히 부모의 손길을 기다리고 있습니다.

뇌에는 '습관 회로'가 있어 어떤 행동을 반복해서 이 회로가 만들어지면, 습관이 되어 좀처럼 고치기 어렵다. — 카일 스미스(Kyle Smith)

배움의 시작과 끝은 결국 아이

가르친다는 말 자체가 암시하듯,
우리는 교육에 있어 아이를 가르쳐야 할 대상으로 여깁니다.
아이가 읽을 책을 정하거나 다녀야 할 학원을 정하거나
해야 할 일을 정하거나 할 때
부모가 기준을 제공하는 모습을 쉽게 볼 수 있습니다.
뇌과학에 따르면 이러한 공부나 독서는
감정의 뇌와 기억의 뇌를 손상시켜
우울증과 기억 감소를 일으킨다고 합니다.
대부분 자율적이고 자발적인 동기 부여 없이
부모의 일방적 안내나 지식 전달에 의해 교육이 이루어집니다.
배움의 시작과 끝에 서 있는 것은 결국 아이입니다.
부모는 가르치고, 아이는 배우는 존재가 아닌
함께 배우고 함께 소통하는 관계가
훨씬 더 바람직합니다.

더 많이 준다고 아이를 망치는 것은 아니다. 충돌을 피하려고 더 많이 주는 것이 아이를 망친다. — 존 그레이(John Gray)

배움의 세 가지 종류

배움에는 세 가지 종류가 있습니다.
하나는 점수 향상을 위한 배움입니다.
국어와 영어, 수학, 사회, 과학 등 학교 교육과 관련해
실력을 키우고 점수를 높이는 일입니다.
이는 지식의 전달과 획득에 초점을 둔 배움입니다.
다음으로, 생각하는 배움입니다.
수많은 다양한 영역의 책을 접하고
아이 스스로의 생각을 갖게 하는 것입니다.
마지막으로, 마음과 행동의 배움입니다.
마음과 행동은 생각과 마찬가지로 쉽게 자라지 않습니다.
많이 듣고, 읽고, 함께 이야기 나누며
스스로 생각하는 힘을 키워야 합니다.
첫 번째 배움이 직장이나 부와 관련한 것이라면
두 번째와 세 번째 배움은 내적 성장,
즉 보다 사람다운 사람을 길러내는 데 초점을 두고 있습니다.

오늘 배우지 않았으면 내일이 있다 말하지 말고, 올해 배우지 않았으면 내년이 있다고 이르지 마라. — 주자(朱子)

음악 교육을 시작하기에 가장 좋은 시기

어린이 음악 교육은 음악적 능력뿐만 아니라
두뇌 발달에도 도움을 줍니다.
또한 감수성과 정서 발달, 인성에도 많은 영향을 미칩니다.
음악 교육은 빠르면 빠를수록 좋습니다.
음악 교육 전문가 에드윈 고든 박사에 의하면
생후 2년 동안 받는 음악적 자극에 비례해
음악과 언어의 자질이 발달한다고 합니다.
이런 자질은 생후 2년 동안 급속히 발달하며
생후 2년부터 9세까지는 비교적 완만하게 발달합니다.
이때 음악적 능력의 중요한 발달 시기로
자립심, 사회성 발달이 함께 이루어집니다.
발성 기능을 갖추는 6세 전후가 악기나 노래 교육 등
음악 수업을 시작하기 좋은 시기입니다.
음악 교육의 목적은 좋은 연주가나 작곡가를 길러내는 게 아니라
음악 자체를 즐기고 사랑하는 것으로 충분합니다.

시와 노래는 지식의 시초이며 또 그 마지막이며 사람의 정신과 더불어 영원하다.
— 윌리엄 워즈워스(William Wordsworth)

미술 교육을 시작하기에 가장 좋은 시기

미술 교육은 아이의 오감을 발달시켜
창의력 향상에 많은 도움을 주고
정서적 안정과 예술성을 키워줍니다.
대략 펜을 잡을 수 있는 만 2세 정도면 누구나 할 수 있습니다.
3세 미만의 아이에게는 그리는 것보다
다양한 색채 감각을 길러주세요.
4~5세 유아들은 자기 생각을 그림으로 표현할 수 있는데,
미술을 재미난 놀이로 인식할 수 있도록 유도해주세요.
미술은 아이가 상상하는 모든 것을
표현하도록 하는 것에서 시작합니다.
아이가 원하는 미술 놀이를 마음껏 즐길 수 있도록
환경을 만들어주는 것이 좋습니다

아이들은 누구나 예술가다. 문제는 성인이 되어서도 예술가로 있을 수 있는지 여부다.
— 파블로 피카소(Pablo Picasso)

아이를 변화시키려면

내가 알지 못하면 즐거움과 재미를 느낄 수 없습니다.
낚시를 모른 채 낚시터에 가거나
야구를 모른 채 야구 관람을 하면 아무런 재미가 없습니다.
아이의 양육과 교육도 마찬가지입니다.
제대로 된 방법을 모르고, 알려 노력하지도 않은 채
말로만 지시하고 명령하는 것은
어쩌면 무지에서 비롯된 용기라고 할 수 있습니다.
아이를 변화시키려면 부모가 변해야 됩니다.
처음부터 재미와 즐거움을 주는 일은 거의 없습니다.
조금씩 관심과 노력을 기울이면
교육의 길이 보이기 시작합니다.

교육의 가장 귀중한 효과는 당신이 좋아하든 좋아하지 않든 당신이 해야 할 때에 당신으로 하여금 할 수 있도록 하는 능력을 길러주는 것이다.
― 올더스 헉슬리(Aldous Huxley)

아이를 방임하는 부모

아이에게 스트레스를 주고
억압하는 부모보다
방임하는 부모가 무섭습니다.
아이의 성장과 발달에 대한 지식과 정보의 필요성을
전혀 못 느끼는 부모는 아이를 방임하게 됩니다.
이로 인해 아이가 위축과 불안 같은 정서 장애를
겪는 경우를 볼 수 있습니다.
이 세상에 무지보다 무서운 것은 없습니다.
알지 못하는, 알려고 노력하지 않는 부모 곁에서
몸과 마음이 바른 아이가 자라기란 쉽지 않습니다.

사랑받지 못하고 관심을 받지 못하는 것이 가장 큰 빈곤이다.
— 마더 테레사(Mother Teresa)

언어와 수학 능력 키우기

언어 능력이 수학 능력보다 발달이 빠릅니다.
그러므로 초등 전기까지는 언어 능력 신장에 초점을 맞추세요.
물론 영어보다 우리말 사용 능력을 위해 더 노력해주세요.
우리말 사용 능력을 키울수록 영어 사용 능력도 신장됩니다.
세상 모든 언어는 동일한 과정을 통해 사용 능력이 발달합니다.
많이 듣고, 말하고, 읽고, 쓰는 기회를 갖도록 하세요.
초등 중기부터는 차츰 수학 교육에 더 관심을 가지세요.
수학은 유아 시기부터 자연스럽게
생활·경험·놀이 중심으로 접근하세요.
생활 속 다양한 체험과 놀이가 수학의 시작입니다.

부모가 키워줘야 하는 것은 열망이 아니라 의욕이다. 공부 의욕을 높이려면 자존감, 꿈, 유능감, 회복 탄력성이 무엇보다 중요하다. — 김영훈, 《공부의욕》 중에서

공부를 잘한다는 것은

공부를 잘한다는 것은
머리가 좋다는 의미가 아닙니다.
공부를 많이 한다는 의미도 아닙니다.
지능이 높다는 것도 아니고,
무조건 많이 안다는 의미도 아닙니다.
먼저 공부를 잘 하기 위해서는
주의 집중을 통해 배운 내용에 의미를 부여해야 합니다.
그리고 기억한 내용을 밖으로 꺼내야 합니다.
공부를 잘한다는 것은
머릿속에 투입과 산출을 잘한다는 것입니다.
결국 공부란 지식과 책, 선생님과의 일종의 소통입니다.

자녀의 두뇌 발달에서 가장 중요한 부위는 언어를 관장하는 부위이다. 자녀와 대화를 하면 할수록 언어 능력이 발달하고, 발달한 언어 능력은 두뇌의 다른 부위를 지속적으로 자극하게 된다. — 제임스 캠벨 외, 《슈퍼 부모들의 공부 기술》 중에서

듣기 능력을 키우는 방법

듣는 습관은 학습 능력의 기본 바탕입니다.
듣는 습관을 잘 길러줘야 집중력이 생깁니다.
듣기 연습을 한 아이는 두뇌 활용 능력이 월등합니다.
듣기 능력을 키우기 위해서는 먼저 의도적으로 소리에 집중해야 합니다.
아이가 말을 잘 들었는지 확인하는 과정이 필요합니다.
이를 통해 중요한 소리를 찾아 듣는 연습을 하면 효과적입니다.
아이와 듣기 능력을 키우기 좋은 시간은 밤입니다.
동화책이나 자장가를 들려주는 것도 효과적입니다.
모든 감각을 활용해 들리는 소리를
서로 묻고 대화하는 시간을 가져보는 것도 좋습니다.
이런 연습은 부모의 기대를 뛰어넘는 효과가 있습니다.

어린 시절은 특별하고 마술적인 시기이다. 이 시기의 두뇌는 마치 스펀지와도 같아서 새로운 것을 배우는 일을 아주 재미있어하고 별로 힘들어하지도 않는다.
— 메리언 다이아몬드(Marian Diamond)

 듣기 공부의 힘

의사소통에서 듣기가 차지하는 비중은
40퍼센트 이상으로 알려져 있습니다.
학습에서 듣기가 차지하는 비중은
그보다 훨씬 높습니다.
듣기 능력은 학습의 기본입니다.
실제로 초등학교 입학 후 아이가
가장 많이 하는 언어 활동이 듣기입니다.
어려서부터 듣기 훈련 잘한 아이는
교사의 말을 빠르고 깊이 있게 해석할 수 있는 반면
그렇지 못한 아이는 수업에 집중하지 못합니다.
이러한 듣기는 집중력과 기억력,
말하는 능력까지 신장시켜줄 뿐만 아니라
사회성 발달에도 영향을 미치며
의사소통 능력 발달의 핵심입니다.
제대로 듣지 못하면 당연히
언어 표현을 제대로 못해
의사소통에 문제가 발생하고
학습 부진을 일으켜 공부와 거리가 멀어집니다.

인간은 입이 하나, 귀가 둘 있다. 이는 말하기보다 듣기를 두 배 더 하라는 뜻이다.
— 탈무드(Talmude)

hear와 listen의 차이

우리는 듣기를 집중해서 노력해야 할 일로 생각하지 않습니다.
듣기는 특별히 노력하지 않아도 그저 들려오기 때문입니다.
아이는 자신이 집중하는 것만 듣는 경향이 있습니다.
심지어 엄마가 "알았지?"라고 확인까지 하며
"네"라고 대답했는데도 듣지 못했다는 아이가 있습니다.
소리를 듣고 말고는 사실 아이 스스로 결정합니다.
영어로는 내 의지와 상관없이 귀에 들리는 것을
'hear'라고 합니다.
그리고 스스로 소리에 집중하고 능동적으로
듣는 것을 'listen'이라고 합니다.
hear와 listen의 차이는
내가 의식을 두고 있는지 않은지에 따라 다릅니다.
듣기는 의사소통의 기초이자 언어 사용 능력의 출발입니다.
듣기가 말하기보다 중요한 이유입니다.

어떤 행동이 습관으로 자리 잡기 전 우리를 움직이는 것은 '동기'와 '의지력'이다.
— 스티븐 기즈(Stephen Guise)

아이의 듣기 능력을 높이는 방법

듣기 교육은 어릴 적부터 생활 속에서
자연스럽게 이루어지는 것이 좋습니다.
여러 가지 다양한 소리를 접하게 해주세요.
책 읽기를 통해서 이야기를 소리로 듣는 것도 좋은 방법입니다.
책을 읽은 후에는 내용과 관련한 생각을
자연스럽게 묻고 답하는 시간을 갖는 것이 좋습니다.
아이가 묻거나 대화를 요구할 때는
시선을 마주치고, 귀 기울여 들어야 합니다.
아이는 자기 이야기에 경청하고 질문에 답하는
부모의 모습을 보고 올바른 듣기 습관을 기를 수 있습니다.
듣기 능력을 키우기 위해서는 부모가 먼저 아이의 말을
귀 기울여 들어줘야 한다는 것을 잊지 마세요.
집중해서 듣는 연습을 충분히 하는 것도 좋습니다.
듣기 능력 신장을 위해
아이에게 어떤 내용을 들려주고
그와 관련된 내용을 다시 확인하는 연습을 통해
아이의 듣기 능력은 커 갑니다.

크게 생각하는 사람은 듣기를 독점하고 작게 생각하는 사람은 말하기를 독점한다.
— 데이비드 슈워츠(David Schwartz)

말을 잘하는 아이

많은 부모는 아이가 말을 잘하길 바랍니다.
자기의 생각과 마음을 또박또박 말로 표현하길 바랍니다.
우물쭈물하거나, 말끝을 흐리거나,
생떼를 쓰는 아이를 보면 속이 터집니다.
말을 잘한다는 것은 어휘를 많이 아는 것도
빠르게 말하는 능력도 아닙니다.
다른 사람의 이야기를 이해하고
자기 생각과 느낌을 제대로 된 언어로
표현할 줄 아는 아이가 진정으로 말 잘하는 아이입니다.
말을 잘하기 위해서는 연습과 노력이 필요합니다.
말을 잘하는 아이는 자신감이 있고,
자기 표현력도 좋아 리더십이 있고,
또래로부터 인정과 지지를 받습니다.

아이들은 사는 것을 배운다.
아이가 칭찬 속에 산다면 감사하는 것을 배운다.
아이가 수용 속에 산다면 사랑하는 것을 배운다.
아이가 인정 속에 산다면 자신을 좋아하는 것을 배운다.
― 도로시 로 놀트(Dorothy Law Nolte)

말 잘하는 아이를 위한 조언

말 잘하는 아이의 특징을 살펴보면
먼저 맥락에 대한 이해가 높습니다.
상황이나 대화 상대를 정확히 이해하고 적절히 판단합니다.
인간은 언어로 생각하는 존재이기에
말하는 것 자체가 하나의 사고 과정이라 할 수 있습니다.
맥락을 잘 읽는 아이는 흔히 '눈치 빠른' 아이입니다.
이런 아이는 표정, 몸짓, 손짓, 눈짓 등
다양하고 적절한 비언어적 반응을 잘 나타냅니다.
다양한 상황을 만들고 말로 표현하는 연습을 해보세요.
또 학교에서 일어난 일을 원인과 결과에 맞춰 이야기하거나
배운 수업 내용을 말해보도록 하는 것도 좋은 방법입니다.
부모의 지나친 지적이나 참견은
아이의 말하기에 방해가 됩니다.

말이란 토끼와 같이 부드러울수록 좋다. — 티베트 속담

부모가 줄 수 있는 최고의 선물

부모가 아이에게 줄 수 있는
최고의 선물은 무엇일까요?
사람과 나누는 인사와 미소,
삶을 사랑할 줄 아는 지혜,
두려움과 맞설 수 있는 용기,
불의와 맞설 수 있는 정의까지
작은 것에서 큰 것까지 가득합니다.
이 세상을 둘러싸고 있는 수많은 가치와 마음,
지식과 지혜 등 무궁무진합니다.
두 눈을 감고 생각해보세요.
지금 여러분이 아이에게 줄 수 있는
최고의 선물은 무엇인지.
최고의 선물로 주고 싶은 게 무엇인지.

세상에서 가장 소중한 선물은 바로 지금이다. — 스펜서 존슨(Spencer Johnson)

10월
OCTOBER

공부에는 죽은 공부가 있고
살아 있는 공부가 있다.
죽은 공부는 단순한 사실들을
머릿속에 담아주는 것이고
살아 있는 공부는 세상의 흐름을 읽을 수 있는
인과관계를 밝혀내는 것이다.
— 안상헌, 《인문학 공부법》 중에서

10월의 탄생화

1일: 빨강국화(Chrysanthemum) - 사랑
2일: 살구(Apricot) - 아가씨의 수줍음
3일: 단풍나무(Maple) - 자제
4일: 홉(Common Hop) - 순진무구
5일: 종려나무(Windmill Palm) - 승리
6일: 개암나무(Hazel) - 화해
7일: 전나무(Fir) - 고상함
8일: 파슬리(Parsley) - 승리
9일: 회향(Fennel) - 극찬
10일: 멜론(Melon) - 포식
11일: 부처꽃(Lythrum) - 사랑의 슬픔
12일: 월귤(Bilberry) - 반항심
13일: 조팝나무(Spirea) - 단정한 사랑
14일: 흰색국화(Chrysanthemum) - 진실
15일: 스위트바즐(Sweet Basil) - 좋은 희망
16일: 이끼장미(Moss Rose) - 순진무구
17일: 포도(Grape) - 신뢰
18일: 넌출월귤(Cranberry) - 마음의 고통을 위로하다
19일: 빨강봉선화(Balsam) - 날 건드리지 마세요
20일: 마(Indian Hemp) - 운명
21일: 엉겅퀴(Thistle) - 독립
22일: 벗풀(Arrow-Head) - 신뢰
23일: 흰독말풀(Thom Apple) - 경애
24일: 매화(Prunus Mume) - 고결한 마음
25일: 단풍나무(Aceracede) - 염려
26일: 수영(Rumex) - 애정
27일: 들장미(Briar Rose) - 시
28일: 무궁화(Rose of Sharon) - 미묘한 아름다움
29일: 해당화(Crab Apple) - 이끄시는 대로
30일: 로벨리아(Lobelia) - 악의
31일: 칼라(Calla) - 열혈

아이 스스로 할 수 있도록 기다려주세요

아이를 볼 때면 무엇이든 해주고 싶습니다.
밥을 늦게 먹는 아이라면 떠 먹여주고,
신발을 늦게 신는 아이라면 신겨주고,
옷을 늦게 입는 아이라면 입혀주고,
세수를 잘 못 하는 아이라면 얼굴을 씻겨주고 싶습니다.
하지만 기다려주세요.
아이를 믿지 못하고 부모가 대신하면 할수록
자율성과 자존감이 잘 자라지 않습니다.
스스로 잘할 수 있다는 믿음과 함께
세상에 한 걸음 내딛는 아이를 지켜봐주세요.
천천히, 천천히 응원해주세요.

기다릴 줄 아는 사람은 바라는 것을 가질 수 있다.
— 벤저민 프랭클린(Benjamin Franklin)

회복 탄력성이 높은 아이로 키우려면

선생님으로부터 야단이나 지적을 받으면
어떤 아이는 자신의 잘못을 인정하고 웃음을 보입니다.
어떤 아이는 표정이 어둡고 불안해합니다.
무엇이 이런 차이를 만들까요?
바로 마음의 힘. 회복 탄력성이 다르기 때문입니다.
회복 탄력성은 어떤 실패나 역경을 겪은 뒤 다시 회복하는 힘입니다.
어떤 아이가 회복 탄력성이 높을까요?
부모의 사랑이 가득한 아이, 활발하고 사교적인 아이,
자신을 지지하고 믿어주는 가족이 있는 아이,
친구나 이웃, 선생님 등 주변의 관심을 받는 아이,
롤 모델이 있는 아이입니다.
부모가 먼저 낙관적인 사고방식을 가지세요.
어려움을 잘 헤쳐나갈 수 있다는 믿음을 주세요.
긍정적인 정서를 함께 나눌 수 있는 기회를 만드세요.

우리를 절망에 빠뜨리는 것은 불가능이 아니라 우리가 깨닫지 못한 가능성이다.
― 프랑수아 드 라 로슈푸코(Francois de la Rochefoucauld)

공부 습관이 공부 의욕을 키웁니다

공부하고자 하는 의욕은 감정의 문제라고 생각하기 쉽습니다.
"공부 의욕이 없니?, 공부 할 생각은 있니?"라고 물어도
아이의 의욕은 오히려 줄어들거나 반항적인 태도를 보이게 됩니다.
게다가 의욕에 대해 잘 모르는 아이들에게는
무엇을 말하고 있는지조차 이해하지 못하는 경우도 많습니다.
아이의 공부 의욕을 자극할 수 있도록
공부 습관을 키워주세요.
바른 공부 습관이 아이의 공부 의욕을 자극합니다.
공부 의욕만 생긴다면 지금까지 습득한 지식보다
매우 효율적으로 지식을 쌓고, 배움을 스스로 찾습니다.

가장 위대한 업적은 '왜'라는 아이 같은 호기심에서 탄생한다. 마음속 어린 아이를 포기하지 말라. — 스티븐 스필버그(Steven Spielberg)

OCT 4

 말공부는 대화에서 자라요

말하기는 숫자처럼 똑 떨어지는 답이 없습니다.
무조건 정해진 유형에 맞춘 말하기는
오히려 재미를 반감시키고 자신의 생각이 아니라
다른 사람의 의견만 똑같이 이야기하는 앵무새로 만들기 쉽습니다.
아이의 생각과 마음을 솔직히 표현할 수 있는 분위기를 갖추고
눈을 들여다보며 눈높이에 맞추는 대화가 필요합니다.
일방적인 대화가 아닌
물음과 답을 주고받는 소통의 역할이 되어야 해요.
말하기에는 논리적으로 말을 하는 것과 동시에
듣는 사람이 주의를 집중할 수 있는 이야기가 필요합니다.
단순히 공부만이 아니라 여러 사람과 소통하고,
마음과 인문학적 소양을 키울 수 있는 방법으로
부모와 평소 대화의 중요성을 강조하지 않을 수 없습니다.
미국의 정치 명문가로 통하는 케네디 가에서는
식탁에서 중요한 사회문제에 대해 토론하고,
잠자기 전 침대 머리맡에서
아이의 꿈과 미래에 대한 이야기를 나누었습니다.
이를 통해 아이는 세상을 바라보는 시각을 키우며
자신의 의견을 표현하고, 전달하는 노하우를 익힐 수 있습니다.

아이는 어른보다 총명하다. 아이는 자기 안에 살고 있는 영혼과 똑같은 모습의 것이 누구에게나 있는 것이라고 마음으로부터 느끼고 있다. ― 톨스토이(Tolstoy)

언어 발달의 키

자기주장과 자존감을 드러내는 행동의 대부분은
사실 말하기와 관련이 깊습니다.
아이가 자신을 드러내는 가장 일반적인 방법은 말하기입니다.
특히 또래와의 대화에서 생각과 마음이 가장 잘 드러납니다.
말 잘하는 아이로 키우는 중요한 키를 쥐고 있는 사람은
바로 '부모'입니다.
아이의 말에 어떻게 귀 기울여주고,
어떻게 대답하고 질문했느냐에 따라
언어 발달 속도가 달라집니다.
아이의 성장에 따라 언어가 확장될 수 있도록
보다 수준 높은 완성된 문장 형태로 표현하세요.
아이의 언어 발달은 부모의 어휘 수와 비례합니다.

부모가 해야 할 중심 역할은 아기의 귀에 엄청나게 많은 양의 언어를 밀어 넣는 것이 아니라, 아기에게서 어떤 소리가 나오는지 알아채고 입에서든 눈에서든 손가락에서든 나오는 대로 반응하는 것이다. — 포 브론슨(Po Bronson)

아이가 학교 공부를 싫어하는 이유

학교에서는 여러 가지 지식을 배웁니다.
연설문의 특징, 혼합 계산의 순서와 방법, 촌락의 문제점 등
정말 다양한 지식을 배웁니다.
그러나 이는 대부분 정제된 지식입니다.
있는 그대로가 아닌,
배우기 쉽고 이해하기 쉽게 만들어진 것입니다.
아이가 배우는 많은 지식은 실제 생활과 동떨어져 있습니다.
그래서 공부에 흥미와 필요성을 잘 못 느낍니다.
배우는 것 자체가 하나의 일이 되어버립니다.
아이가 공부하기 싫은 이유는 여기에 있습니다.
아이의 배움을 일상생활에서 적용하고 확장시켜보세요.
배움의 즐거움과 가치를 얻게 도와주세요.

일상을 바꾸기 전에는 삶을 변화시킬 수 없다. 성공의 비밀은 자기 일상에 있다.
— 존 맥스웰(John Maxwell)

지식의 두 가지 종류

지식에는 방법적 지식과 실천적 지식이 있습니다.
가령 '배려'에 대해 배울 때
그런 생활 태도가 무엇인지
아는 것은 방법적 지식이고
이를 직접 생활에 적용하는 것은 실천적 지식입니다.
학교에서 방법적 지식을 습득했다면
가정에서는 실천적 지식을 얻어야 합니다.
이 두 가지를 잘 조화시켜야 올바른 지식이 쌓입니다.

당신에게 지식이 있다면 남들도 그것으로 자신의 촛불을 밝힐 수 있도록 하라.
— 마거릿 풀러(Margaret Fuller)

아이와 함께 나누는 즐거움

즐거운 마음이 창의성과 문제 해결 능력을 향상시킵니다.
코넬 대학의 아센스 교수가 연구를 통해 밝혀낸 사실입니다.
아이센 교수는 학생들을 두 그룹으로 나누었습니다.
한 그룹에는 5분 동안 재미있는 코미디 영화를 보게 하고
다른 그룹에는 수학적 내용에 관한 영상을 보여주었습니다.
그 후 창의력이 요구되는 문제를 풀어보게 합니다.
즐겁게 코미디 영화를 본 그룹의 75%가 10분 내에 문제를 푼 반면
다른 그룹에 있던 학생들은 20%만이 문제를 풀었습니다.
두 그룹의 학력, 지능의 차이는 별로 없었습니다.
즐겁고 열린 마음가짐이 큰 차이를 가져온 것입니다.

마음에도 근육이 있어. 처음부터 잘 하는 것은 어림도 없지. 하지만 날마다 연습하면
어느 순간 나도 모르게 어려운 역경들을 벌떡 들어 올리는 너를 발견할거야.
— 공지영 《아주 가벼운 깃털 하나》 중에서

고른 영역의 발달이 더 소중합니다

부모라면 내 아이의 탁월한 학업 능력을 기대합니다.
2015년 초등학생의 2.13%가 영재 교육을 받았고,
수학·과학에 81%가 집중되어 있습니다.
아이들의 99.9%는 별도의 영재 프로그램이 필요 없고,
실제 영재가 아닌 경우가 대부분입니다.
단지 수학적 사고력이나 과학적 탐구력이 약간 빠를 뿐입니다.
실제 아이에게 더욱 필요한 것은 고른 영역의 발달을 돕는 교육입니다.
영재성은 있지만 친구 하나 없고, 운동 능력도 전혀 없다면
아이의 삶이 과연 행복할까요?
'IQ 210의 신동' 김웅용 신한대 교수는
"왕따였던 사춘기 시절을 보내고
평범한 삶이 평생 과제였다"고 말합니다.
바둑계의 영재인 이창호 9단은
"초등학교 5학년에 입단했기 때문에
제대로 학창시절을 보내본 적이 없고
다시 태어나면 평범한 삶을 살고 싶다"고 말한 적이 있습니다.
평범한 삶이 주는 가치가 더 소중합니다.
아이의 고른 영역의 발달을 돕는 것이 더 행복한 미래를 보여줍니다.

아이에게 거짓말을 하거나 속여선 안 된다는 것을 항상 보여줘야 한다. 어릴 때의 기억은 오래가기 때문이다. — 주자(朱子)

아이의 미래를 아름답게 만드는 힘

부모는 종종 자신이 잘 알고,
자신이 생각하는 성공을 위해
아이를 질책하고 격려하면서 이겨내라고 말합니다.
자신이 저지른 실패나 좌절을 되풀이하지 않기 위해
조언하고 충고합니다.
아이의 미래를 아름답게 만드는 힘은
자존감과 자신감입니다.
아이에게 실패를 두려워하지 말고
실패를 통해 배우고 성장하도록 하세요.
자신을 사랑하고,
긍정의 마음을 갖도록 도와주세요.
성장과 행복에 장애가 되는 것 대부분은
아이 안에서 만들어져요.
반대로 스스로에 대한 믿음과 꿈도
아이 안에서 키웁니다.

아이의 자존감을 높이기 위해 부모가 할 일은 가능한 한 최선을 다해 아이가 열심히 하고 있음을 인정하는 것이다. 별 진전이 없다고 질책하는 대신 아이의 얼굴을 바라보고 위대한 공로자를 대하듯이 말을 걸어야 한다. — 웨인 다이어(Wayne Dyer)

OCT 11

 국어란 무엇인가?

국어란 무엇일까요?
최소 12년 넘게 국어를 공부해온 여러분은
어떻게 대답할까요?
국어란 '우리말과 글'을 말합니다.
안타깝게도 '국어'라는 말 자체가 한자어입니다.
그러니 교과의 명칭부터 바꿔야 합니다.
어떻게 바꿔야 할까요?
'우리말과 글' 또는 '한글'이면 어떨까요?
국어가 무엇인지도 모르는 교사가 대부분입니다.
부모와 아이도 모르긴 마찬가지입니다.
배우는 사람과 가르치는 사람도 무엇을 가르치는지,
무엇을 가르치고 배우는지 모른 채 매일 국어와 만나는 셈입니다.
공부는 의심하고,
그 의심에 대해 스스로 정의를 내리고,
사고 과정을 통해 정리해서 말할 수 있어야 합니다.
그래야 배움의 가치가 빛날 수 있습니다.

읽기 능력은 엄마의 인내와 아이의 '놀이 같은 읽기'가 필요하다. 여기에 매일 학습지 문제 몇 개를 푸는 것보다 '습관적인' 책 읽기가 중요하다. — 김정금, 《초등 공부 국어가 전부다》 중에서

OCT 12

 국어와 영어는 단지 언어일 뿐

국어와 영어는 모두 언어라는 공통점을 가지고 있습니다.
그런데 우리는 국어는 쉽게 생각하고,
영어는 어렵고 하기 싫은 공부로 생각합니다.
하지만 어떤 방법과 환경을 제공하느냐에 따라
쉬울 수도, 어려울 수도 있습니다.
아이는 국어가 무엇인지,
왜 공부해야 하는지도
모른 채 그저 점수를 위해 책장을 넘깁니다.
개념과 필요성을 모르니
제대로 된 공부가 될 리 없습니다.
국어를 공부하는 이유는
우리말과 글을 일상생활에서 잘 사용하기 위해서입니다.
점수가 아닌 언어 사용 능력을 키우기 위해서입니다.
영어를 공부하는 이유도 이와 마찬가지입니다.

자발적인 읽기는 유일한 언어 학습법이다. 외국어 학습에 극적인 효과가 나타난다.
— 스티븐 크라셴(Stephen Krashen)

국어 사용 능력의 핵심

국어를 잘하기 위해서는 어떻게 해야 할까요?
그것은 우리말의 습득과 활용 차원으로 접근해야 합니다.
아이는 태어나면서부터 수많은 이야기를 듣습니다.
그러다 어느새 말을 하기 시작하고, 이후 대화도 가능해집니다.
듣기와 말하기에 익숙해지면서 글을 읽게 되고
마지막으로 쓰기 능력이 발달합니다.
국어 사용 능력의 핵심은 듣기와 말하기입니다.
즉 대화가 핵심이라고 할 수 있습니다.
문자 언어(읽기와 쓰기)를 잘 활용하지 못하더라도
음성 언어(듣기와 말하기)만으로 일상생활을 영위할 수 있습니다.
부모와 아이가 어떻게 대화하고 공감하며 소통하느냐가
국어 사용 능력에서 가장 중요한 요소입니다.

유아기의 어린이에게 있는 '내가 하고 싶어, 할 수 있으면 좋겠어'와 같은 강한 욕구를 충족시켜줄 수 있는 환경을 마련하고 스스로 할 수 있도록 방법을 충분히 선보이는 어른의 배려로 어린이는 삶의 기쁨을 느낄 수 있다. — 아가라 아츠코, 《몬테소리의 메시지》 중에서

영어는 시간과의 싸움

사교육비 20조. 그중 50%가 영어에 쓰이고 있습니다.
지금의 영어 실력을 키운 것은 사교육의 힘이라고 할 수 있습니다.
영어를 포함한 세상 모든 언어의 공부 방법은 다음과 같습니다.
첫째, 듣기와 말하기입니다. 많이 듣고, 많이 말해야 합니다.
전문가들은 영어를 능숙하게 구사하기 위해 듣기와 말하기에만
6000시간 정도가 시간이 필요하다고 말합니다.
하지만 초등학교 3학년부터 고교 3학년까지 학교에서 진행하는
영어 말하기·듣기 수업은 300시간에 불과합니다.
학교 교육으로는 절대 영어 사용 능력을 완성할 수 없습니다.
우리의 교육 환경은 영어를 제대로 습득하고
성취할 수 있는 최소한의 필요조건도 갖추지 못한 상태입니다.
적절한 방법과 환경을 제공한다면
교육 시기를 유아 과정까지 앞당기고
시간을 늘리는 것은 최소한의 조건입니다.
둘째, 읽기와 쓰기입니다. 많이 읽고, 많이 써야 합니다.
듣고 말하고 읽고 쓰는데 대략 2만 5000시간이 필요합니다.
하루에 3시간씩 매일 실천해도 무려 20년이 걸리는 대장정입니다.
결국 누가 지치지 않고 그 길을 가느냐의 싸움입니다.

벽을 치느라 시간을 버리지 말고, 그 벽을 문으로 바꾸는 노력을 하라.
— 코코 샤넬(Coco Chanel)

영어 공부를 시작하는 시기

영어 공부는 언제 시작해야 할까요?
이 물음에 대한 답은
무엇을 위한 영어 공부냐에 따라 달라집니다.
단순히 문제를 풀고 높은 점수를 받기 위해서라면
굳이 이른 시기에 공부할 필요가 없습니다.
단어를 외우고, 문법 지식을 익힌다면
조금 늦어도 별문제가 되지 않습니다.
하지만 듣고, 말하고, 읽고, 쓰는
영어 능력을 키우기 위해서는
가능한 한 빠르면 빠를수록 좋습니다.
적절한 방법과 환경 아래서는 만 2세 이후면 충분합니다.

엄마 아빠가 아이를 품고 직접 읽어주고 가르치는 '무릎 공부'야말로 당장 실천할 수 있는 최고의 영어 교육법이다. ― 박순, 《아이의 영어 두뇌》 중에서

영어 듣기 능력 신장

영어는 많이 듣고, 말할 수 있는 기회가 중요합니다.
하지만 현실은 그렇지 못합니다.
대다수 부모는 영어를 듣지도, 말하지도 못하기 때문입니다.
그렇기에 영어 CD나 DVD를 활용하지 않을 수 없습니다.
하지만 가장 효과적인 듣기는 부모가 책을 읽어주는 것입니다.
자신의 발음이나 억양, 강세에 대해서는 걱정하지 않아도 됩니다.
부모의 자신감 또는 두려움은 아이에게 그대로 전달됩니다.
가능하다면 부모가 읽어주었던 책이나
함께 불렀던 동요 등을 듣는 것이 더욱 효과적입니다.
듣거나 불러본 CD나 동요는 아이에게 의미 있는 소리로 들립니다.
가능하면 하루 2시간 정도 꾸준히 듣는 기회를 갖는 것이 좋습니다.

반복 학습이 가장 좋은 공부법이다. ― 헤르만 에빙하우스(Hermann Ebbinghaus)

영어 말하기 능력 신장

영어 말하기 능력은 어떻게 키워나갈 수 있을까요?
우리말과 달리 영어 말하기 능력의 습득은 다소 늦습니다.
말로 표현할 기회를 좀처럼 갖지 못하기 때문입니다.
다른 사람의 말을 들을 기회가 별로 없기 때문입니다.
그렇다고 너무 실망할 필요는 없습니다.
아이의 말하기 능력을 신장시키는 데는
책을 소리 내어 읽는 것이 매우 효과적입니다.
아이에게 간단한 생활 영어 표현을 자주 하거나
책 읽기나 노래 부르기 등을 녹음하여 들려주는 것도 좋습니다.
원어민과 대화하는 기회를 갖는다면 더욱 좋습니다.

영어 교육의 핵심은 바로 '재미'다. 영어 교육은 언어 교육이므로 단시간에 끝낼 수 있는 것이 아니다. 따라서 아이가 영어를 어려운 것으로 느끼지 않고 꾸준히 즐기는 습관을 들여야 하는 것이다. — EBS 제작팀, 《EBS 60분 부모》 중에서

이해할 수 있는 언어로 많이 듣고 말하기

외국어 습득 이론을 정립한 스티븐 크라센은
이해 가능한 언어 입력이 풍부할수록
언어 학습이 많이 이루어진다고 말합니다.
이해할 수 있는 언어로 많이 듣고 말하면
그만큼 언어 능력이 많이 향상됩니다.
언어 입력은 주로 듣기와 읽기로 가능합니다.
듣기는 시·공간적 제약을 받지만 읽기는 그렇지 않습니다.
읽기는 정보와 지식을 확장해갈 수 있는 장점도 있습니다.
모국어와 외국어 책을 많이 읽으면
어휘력, 언어 이해력, 쓰기와 문법 등이 향상됩니다.
언어의 상호 보완적 특성으로 인해
읽기는 듣기와 말하기 능력을 키우는 데도 도움을 줍니다.

독서는 외국어를 배우는 최상의 방법이 아니다. 그것은 유일한 방법이다.
— 스티븐 크라센(Stephen Krashen)

무한한 정보 확장의 가능성, 읽기

지식과 정보를 확장해나가는데
듣기와 말하기는 시공간적 제약을 받습니다.
이런 제약을 극복하게 하는 것이 읽기입니다.
모든 형태의 읽기는 무한대로 지식과 정보를 확장해나가며
스스로 능동적으로 능력을 발전시켜 나갈 수 있습니다.
읽기가 가진 무한한 장점은 너무나 많습니다.
초등 시기까지 평생 읽을 책의 80% 이상은
읽는 경험을 갖추면 좋습니다.
정독뿐만 아니라 많은 양의 다독이 반드시 필요합니다.
하지만 시간이 지날수록 읽으려 해도 읽을 수 있는
시간과 환경을 갖추기 어려운 게 현실입니다.
읽기는 삶에 있어 가장 중요한 일상 중의 하나입니다.

오늘날의 나를 있게 한 것은 우리 동네 도서관이다. 하버드 대학 졸업장보다 소중한 것이 독서하는 습관이다. ― 빌 게이츠(Bill Gates)

국어 공부는 읽기가 전부

우리 아이가 공부하는 국어책은 어떻게 구성되어 있을까요?
모든 국어책을 보면 각 단원별 목표에 맞게
다양한 문학 작품이 나와 있습니다.
부록에는 각 작품의 출처가 담겨져 있습니다.
즉 국어 사용 능력 신장을 위해 시, 수필, 역사, 동화, 극본 등
다양한 문학 작품과 비문학 글을 활용하고 있습니다.
다소 비약하자면 국어는 문학 작품의 짜깁기에 불과합니다.
결국 국어는 문학과 비문학 작품 읽기라고 생각할 수 있습니다.
'국어 공부는 읽기가 전부'라는 표현을 사용하는 이유이기도 합니다.

배울 것은 한이 없으니 미치지 못한 것처럼 하고, 오직 배운 것을 잃을까 두려워하라.
— 공자(孔子)

아이의 읽기 능력을 높이는 방법

아이의 읽기 능력을 높이기 위해서는
읽어주기, 함께 읽기, 스스로 읽기의 과정을 거쳐야 합니다.
영유아 시기부터 다양한 장르의 책을 읽어주세요.
물론 읽어주기 자체보다 정서적인 교감, 소통이 더욱 중요합니다.
일정한 시간과 장소를 정해 읽어주세요.
가능하다면 온 가족이 참여하는 것이 더욱 좋습니다.
즐거운 분위기 속에서 재미있게 읽어주세요.
동화 구연은 아닐지언정
국어 책 읽듯이 하는 것은 지양해주세요.
읽고 나서는 자연스럽게 그림, 주제, 주인공, 사건 등에 대해
자연스럽게 이야기를 나누세요.

책 읽기를 강요하거나, 관심 없는 책을 권하거나, 아이에게만 독서를 요구하면 아이는 책에 질려버리게 됩니다. 독서에 부담 없이 접근할 수 있도록 천천히 부모가 함께 읽으며 도와주세요. ― 서천석

영어 이렇게 읽어주세요

아이가 영어를 배울 때 먼저 알파벳부터 가르치면 안 됩니다.
알파벳을 가르치면 우리가 apple를 듣거나 읽으면 사과의 이미지가
떠오르는 것이 아니라 'a-p-p-l-e'를 먼저 생각하게 됩니다.
즉 이미지나 영상이 아닌 철자에 관심을 가지면
제대로 된 듣기와 읽기가 되지 않습니다.
그렇다면 영어 읽기 능력을 어떻게 키울 것인가?
듣기와 말하기 경험을 충분히 제공해주었다면
읽기 능력에 관심을 가져주세요. 처음에는 한 페이지에 그림 하나,
문장 하나 정도의 그림책이면 충분합니다.
쉬운 표현이므로 그림을 보면 그 내용이 무엇인지 알 수 있습니다.
단지 동화책에 나오는 그림과 소리만 연결시킬 수 있는 기회를
충분히 만들어주면 됩니다.
그러한 기회를 여러 번 제공해주면
문자가 어떤 소리가 나는 것을 자연스럽게 학습합니다.
물론 정서적 교감과 충분한 칭찬과 격려, 사랑의 표현은 기본입니다.
그러한 경험을 차츰 늘려 나가면 아이의 읽기 능력은
충분히 발현됩니다. 파닉스가 꼭 필요하다고 생각되면
초등 고학년 시기에 시작해도 충분합니다.
아이가 글이나 책을 읽는 목적은 정확히 소리 내어 읽는 것이 아니라
글을 통해 정보와 지식을 얻고,
무한한 상상력과 즐거움을 찾는 데 있습니다.

언젠가 날기를 배우려는 사람은 우선 서고, 걷고, 달리고, 오르고, 춤추는 것을 배워야 한다. — 니체(Nietzsche)

영어 읽기 능력 신장

영어 읽기 능력을 키우기 위해서는 여러 노력이 요구됩니다.
첫째 아이가 문자에 관심을 가질 때, 즉 읽고자 할 때를 기다려야 합니다.
듣기와 말하기 자극이 충분하면 자연스럽게 읽기로 관심이 옮겨갑니다.
언제 시작하느냐보다 아이 스스로 관심을 보일 때
격려하고 지지하는 것이 필요합니다.
둘째, 쉬운 책부터 시작하는 것이 좋습니다.
조금씩 경험이 쌓이면 스스로 읽고자 하는 노력을 실천합니다.
셋째, 매일 일정한 시간에 읽는 것이 필요합니다.
매일 꾸준히 읽으면 소리와 글자의 전이 효과를 통해
능동적으로 익히게 됩니다.
넷째, 자발적 읽기 능력을 키워야 합니다.
수준이 올라가 챕터북 이상의 글을 읽으면
유추하기, 사전 활용법 등을 키워나가는 것이 좋습니다.
언어를 배우는 가장 빠르고 즐거운 방법은 자발적 읽기입니다.

읽기는 교육의 중심에 있다. 읽기가 최우선이다. 학교에서 배우는 모든 지식은 읽기에서 비롯된다. — 짐 트렐리즈(Jim Trelease)

문학과 비문학 작품 읽기

'읽기' 하면 보통 문학을 떠올리기 쉽습니다.
하지만 비문학 읽기를 소홀히 해서는 안 됩니다.
국어의 목표는 언어적 의사소통 능력과 종합적 사고 능력이므로
비문학적 요소가 더 큰 비중을 차지합니다.
문학과 비문학에는 반드시 주목해야 할 차이점이 있습니다.
문학 작품의 저자는 작가로서
자신의 생각과 감정을 간접적으로 제시하지만
비문학 저자는 자신의 생각을 직접적으로 제시합니다.
즉 사실적 내용에 바탕을 둔 이해가 중요합니다.
초등 저학년 시기까지는 문학 작품 읽기에 비중을 높이고,
고학년 시기로 갈수록 비문학의 비중을 올리는 것이 좋습니다.
비문학 작품은 월간으로 발행하는 다양한 잡지나
어린이 신문 또는 일간지 등을 활용하면 좋습니다.

하루 공부하지 않으면 그것을 되찾기 위해 이틀이 걸린다. 이틀 공부하지 않으면 그것을 되찾기 위해 나흘이 걸린다. 1년 공부하지 않으면, 그것을 되찾기 위해 2년이 걸린다. — 탈무드(Talmud)

OCT 25

 아이들도 스트레스가 많습니다

아이들의 마음에도 어른처럼
여러 가지 스트레스가 많이 쌓여 있습니다.
친구, 학원, 과제, 시험 등에
노출되어 있기 마련입니다.
어떤 아이들은 스트레스를 잘 이겨내는가 하면
어떤 아이들은 그렇지 못합니다.
시험 보는 것이 즐겁고, 그 결과에 만족하는 아이가 있습니다.
반대로 몇 문제 틀렸다고 침울해하는 아이가 있습니다.
무엇이 우리 아이들을 달라지게 하는 걸까요?
그것은 아이의 마음을 받아들이는 부모의 태도에 달려 있습니다.
실수하고, 잘못하고, 실패하더라도
나무라는 대신 격려해주세요.

격려는 영혼에 주는 산소와 같다. 격려받지 못하는 사람에겐 훌륭한 일을 해내리라고 기대할 수 없다. 어느 누구도 칭찬 없이 살아갈 수 없다.
— 조지 애덤스(George Adams)

영어 평가는 결국 듣기와 읽기

영어 평가는 어떻게 진행될까요?
영어 또한 언어이기에 평가 방법은 동일합니다.
영어 사용 능력 평가를 위해서는 듣고 말하기가 가장 중요하고,
그 다음이 읽기와 쓰기입니다.
단 말하기와 쓰기를 평가하기 어려운 측면이 있기에
듣기와 읽기만으로 평가합니다.
거의 모든 일제식 평가가 그러합니다.
오직 듣기와 읽기로만 평가할 수 있는 한계 때문입니다.
앞으로의 평가는 달라져야 합니다.
의사 소통 능력을 제대로 평가하기 위해서는
말하기를 평가해야 합니다.
듣고 말하는 능력을 기르지 않고서는
높은 수준의 의사 소통 능력을 기를 수 없습니다.

사과는 가장 달콤한 복수다. — 아이작 프리드먼(Isaac Friedman)

국어 평가는 결국 읽기

국어의 올바른 평가 방향은 무엇일까요?
언어 사용 능력의 신장이 그 첫 번째 목표이기에
당연히 듣기와 말하기가 가장 중요합니다.
하지만 현실은 그렇지 못합니다.
많은 학생과 대화를 나눌 수 없고, 정확한 평가를 내리기 어렵습니다.
또한 우리 모두는 듣고 말하는 일상 대화에 큰 어려움이 없기 때문에
듣기와 말하기는 평가 항목에서 중요한 위치를 차지하지 못합니다.
이러한 한계와 문제로 대부분의 평가를 오직 읽기로만 평가합니다.
물론 단답형의 쓰기 문제가 나오지만 이는 쓰기라고 할 수 없습니다.
읽기 능력이 국어 평가의 중심이 될 수밖에 없는 이유입니다.

격려는 영혼에 주는 산소와 같다. 격려받지 못하는 사람에겐 훌륭한 일을
해내리라고 기대할 수 없다. 어느 누구도 칭찬 없이 살아갈 수 없다.
— 조지 애덤스(George Adams)

거꾸로 가는 아이

부모의 기대와 달리 거꾸로 가는 아이가 많습니다.
아이들은 부모가 싫고 미우면 두 가지 방법을 택합니다.
하나는 부모의 기대보다 훨씬 더 공부를 잘해
당당하게 자신을 드러내는 방법입니다.
또 다른 하나는 부모의 기대와 다르게
공부나 자신을 포기해버리는 방법입니다.
전자는 많은 시간과 노력이 뒤따라야 하고
후자는 시간을 허비해버리기만 하면 되는
너무나 쉽고 단순한 방법입니다.
그래서 아이들은 대부분 공부를 포기하는 길을 택하기도 합니다.
여러분의 아이는 지금 어떤 길을 가고 있나요?

아이들은 축복일 수도, 아닐 수도 있다. 그러나 아이들을 낳아놓고 망치는 것은 분명 개탄할 일이다. ─ 로이스 맥마스터 부욜(Lois McMaster Bujold)

아이의 공부 능력을 키우는 네 가지 힘

첫째, 즐겁게 공부할 수 있는 학습 낙관성.
낙관성은 작은 성취 경험이 쌓여 형성됩니다.
둘째, 실패해도 두렵지 않은 회복 탄력성.
힘든 과정에서 어려움을 참고, 감정을 통제할 줄 알고,
문제가 생겼을 때 원인과 해결책을 찾아내는 아이가
회복 탄력성을 키웁니다.
셋째, 스스로 공부할 때를 아는 자기 조절력.
매일 일정량의 독서와 공부를 반복하는 습관을 통해 높여갑니다.
넷째, 스스로 잘한다는 믿음을 갖는 자기 효능감.
자신에 대해 긍정적인 믿음을 가진 아이는
공부 의욕도 높고 좋은 결과를 만들어냅니다.

학업 성적이 아이의 성공을 약속하는 게 아니라, 뚝심, 호기심, 성실성, 낙관주의, 자제력 그리고 회복 탄력성 등 몇 가지 강점이 인생 전반에 걸친 성공의 지름길이다.
— 폴 터프(Paul Tough)

융합하고 통합하는 연습

창조적인 교육이란
생각한 것을 느끼고,
느끼는 것을 생각하는 것에서 출발합니다.
따라서 상상력을 동원해 공감각 이미지로 만들어내고
이를 융합 및 통합하는 연습이 필요합니다.
어린 시절부터 체계적으로 음악적, 미술적, 신체적 활동을
풍부하게 해야 합니다.
예술에서 활용하는 상상의 도구들이
수학, 과학, 인문학 등에서도 꽃과 열매를 맺게 합니다.

상상력은 창조의 출발점이다. 원하는 것을 상상하고, 상상하는 것을 행동에 옮기고,
마침내 행동에 옮기는 것을 창조하는 것이 된다.
— 조지 버나드 쇼(George Bernard Shaw)

이 세상 최고의 스승은 부모

영유아 시기부터 아이 교육을
외부 기관에 맡기고
별 관심을 갖지 않는 부모가
우리 주변엔 너무나 많습니다.
그러나 아이의 마음을 움직이고 인격적 감화를 이끌 수 있는 사람,
지식과 학문의 세계에 눈 뜨게 하는 사람은 바로 부모입니다.
옛말에 불탁외부(不托外傅)라 했습니다.
즉 교육에 있어 밖에서 모셔오는 스승에
의지하지 않음을 강조하는 말입니다.
부모에 대한 최고 존경의 표현이자
이 시대를 살아가는 우리에게 주는 선현의 가르침입니다.

가르치는 것은 두 번 배우는 것이다 — 조제프 주베르(Joseph Joubert)

11월
November

아이는 뇌의 모든 영역을 활용하여
사고하고 행동한다.
머릿속 시냅스의 연결 패턴은 무한에 가깝다.
새로운 경험이나 학습을 통해
그 연결이 풍성해질수록 아이의 뇌는
더 많은 창의력을 이끌어낸다.
— 김영훈, 《아이의 공부 두뇌》 중에서

11월의 탄생화

1일: 서양모과(Medlar) - 유일한 사랑
2일: 루피너스(Lupinus) - 모성애
3일: 브리오니아(Bryonia) - 거절
4일: 골고사리(Hart's-Tongue Feen) - 진실의 위안
5일: 단양쑥부쟁이(Fig Marigold) - 공훈
6일: 등골나물(Agrimony Eupatoire) - 주저
7일: 메리골드(Marigold) - 이별의 슬픔
8일: 가는동자꽃(Lychnis Flos-Cuculi) - 기지
9일: 몰약의꽃(Myrrh) - 진실
10일: 부용(Hibiscus Mutabilis) - 섬세한 아름다움
11일: 흰동백(Camellia) - 비밀스러운 사랑
12일: 레몬(Lemon) - 진심으로 사모함
13일: 레몬버베나(Lemon Verbena) - 인내
14일: 소나무(Pine) - 불로장생
15일: 황금싸리(Crown Vetch) - 겸손
16일: 크리스마스로즈(Christmas Rose) - 추억
17일: 머위(Sweet-Scented Tussilage) - 공평
18일: 산나리(Hill Lily) - 순결
19일: 범의귀(Aaron's Beard) - 비밀
20일: 뷰글라스(Bugloss) - 진실
21일: 초롱꽃(Campanula) - 성실
22일: 매자나무(Berberis) - 까다로움
23일: 양치(Fern) - 성실
24일: 가막살나무(Viburnum) - 사랑은 죽음보다 강하다
25일: 개옻나무(Rhus Continus) - 현명
26일: 서양톱풀(Yarrow) - 지도
27일: 붉나무(Phus) - 신앙
28일: 과꽃(China Aster) - 추상
29일: 바카리스(Baccharis) - 개척
30일: 낙엽마른풀(Dry Grasses) - 새봄을 기다림

많은 부모가 하는 실수

세상의 많은 부모가 범하는 실수나 착각 중
단연 으뜸은 말로 아이를 가르치려는 것입니다.
부모의 말 한마디로 아이가 달라질 수 있을까요?
아이는 말로 변하는 존재가 아닙니다.
달라지고 변한다는 것은 두 가지를 내포하고 있습니다.
하나는 마음이 움직여야 하는 것이고
다른 하나는 스스로 해내는 힘이 있어야 합니다.
아이 스스로 잘할 수 있다는 믿음을 키울 수 있도록 응원해주세요.

옳은 행동을 하고 남보다 먼저 모범을 보이는 것이 교육이다. — 순자(荀子)

책을 읽는다는 것

책 읽는다는 것은 여행과 같습니다.
책에는 시작과 끝이 정해져 있지 않습니다.
책을 여는 순간 여행이 시작되고, 덮는 순간 여행이 끝납니다.
유명한 곳을 방문하여 사진만 찍고 온다면 여행의 의미를 잃습니다.
책을 통해 필요한 정보를 얻고자 한다면 1분이면 충분합니다.
책을 통해 지식을 얻고자 한다면 문제집이 더 효과적입니다.
책을 읽는다는 것을 생각하기 위한 것입니다.
생각하는 시간을 들인 만큼 그 깊이와 지혜를 얻습니다.

세계는 한 권의 책이다. 여행하지 않는 사람들은 그 책의 한 페이지만 읽는 것과 같다. ― 아우구스티누스(Augustinus)

학교와 학원을 믿지 마세요

학교를 믿지 마세요.
좋은 스승, 좋은 학교를 만나는 것은 아이에게 큰 행운입니다.
하지만 그런 행운을 바라지 마세요.
그렇지 않을 확률이 더 높으니까요.
스스로 공부하는 습관을 키워온 아이가
긍정적인 피드백을 통해 더욱 성장합니다.
중요한 것은 가정에서의 교육입니다.

학원을 지나치게 믿지 마세요.
한 번 학원에 의지하면
이곳저곳 좋다는 학원을 찾아
철새처럼 옮겨 다니는 경우가 많습니다.
학교 교육도 모자라
학원을 서너 시간 다니는 아이들이 많습니다.
하지만 상당수 아이들은 별 도움을 받지 못합니다.
스스로 공부하는 힘과 능력이 부족하기 때문입니다.

방향이 잘못되면 속도는 의미가 없다. ― 간디(Gandhi)

학원에 다니는 아이 vs. 스스로 공부하는 아이

학원에 다니는 아이는
자리에 앉아 있는 게 공부라고 생각합니다.
스스로 공부하는 아이는
자기가 무엇을 모르는지 끊임없이 점검하고
재학습하는 과정을 공부라고 생각합니다.
학원에 다니는 아이는 부모에 의해, 의무감에 의해 공부하지만
스스로 공부하는 아이는 자기 에너지를 동원해 학습합니다.
학원에 다니는 아이는 도중에 포기해버리거나
스트레스로부터 자신을 방어하지만
스스로 공부하는 아이는
유혹과 스트레스를 이겨내고
자신을 끊임없이 채찍질합니다.

아이들은 우리가 확신할 수 있는 유일한 형태의 영원이다.
— 해브록 엘리스(Havelock Ellis)

메타 인지

지식에는 두 가지가 있습니다.
'안다고 생각하는 지식'과 '진짜로 아는 지식'입니다.
아이는 스스로 안다고 생각하는 경우가 많지만
실제로는 아는 척하거나 모르는 경우가 많습니다.
그래서 제대로 이해하지 못하거나 자신의 말로 설명하지 못합니다.
'진짜로 안다는 것'은 자신이 아는지 모르는지에 대해
끊임없이 성찰하고 점검하는 과정을 거쳐야 가능합니다.
하지만 아이들은 '진짜로 안다는 것'을 한 번도 배운 적이 없습니다.
자신이 아는지 모르는지 아는 능력,
이를 '메타 인지'라고 합니다.
지능은 성적의 20%를 예측할 수 있지만
메타 인지는 성적의 40%를 예측할 수 있습니다.
메타 인지는 훈련을 통해 충분히 향상시킬 수 있습니다.

능동적 인출의 일종인 시험이 기억을 강화하며, 인출에 많은 노력이 들어갈수록 보상도 크다. ─ 마크 맥대니얼(Mark Mcdaniel)

NOV 6

 공부는 누가 성실한가가 결정합니다

"꾸준히 오래 앉아 있는 사람이 성과를 낸다. 두뇌 회전이 빠르다는 건 연구자에게 오히려 마이너스다. 일본에는 '수재병'이란 말도 있다. 수재는 중요한 논문을 금방 이해하고 그걸 발전시키기 때문에 빛이 난다. 하지만 진정한 연구는 그 너머에 존재한다. 난제에 부딪히면 수재는 '어렵네' 하고 그 옆을 돌아본다. 그랬다가 '어, 이건 내가 할 수 있겠네' 하면서 옆길로 새고, 또 어려운 데 부딪히면 다시 옆길로 샌다. 그런 사람은 대학원생까지는 활약하지만 조교수급이 되면 점점 사라진다. 조교수 때 가서 잘하는 이는 조금 느리다 싶은 그런 사람이었다. 꾸준히 오래 앉아 있는 사람이 좋은 연구자로 발전했다."

노벨상 수상자 마스카와 도시히데 교수의 말처럼
공부나 연구는 머리 좋은 녀석이 하는 게 아니라
엉덩이가 무거운 녀석이 하는 겁니다.
어떻게 사흘 동안 잠도 자지 않고
머릿속으로 계산하면서 생각할 수 있는지,
얼마나 몰두했으면 자면서도 꿈속에서 실험할 수 있는지
그의 노력과 공로에 박수를 보냅니다.
스스로 끊임없이 사고하고 연구하는 아이가 결국 공부하는 것입니다.

꾸준히 오래 앉아 있는 사람이 성과를 낸다. 두뇌 회전이 빠르다는 건 연구자에게 오히려 마이너스다. — 마스카와 도시히데(益川敏英)

메타인지 학습법에 관심 많은 학부모에게

효과적인 메타인지 학습법은 어떤 것일까요?
첫째, 구체적인 목표나 계획을 수립할 것.
이번 기말 평가에서 90점을 목표로 세웠다면
매일 30분씩 교과서 개념 정리와 문제 풀이 계획을 수립합니다.
둘째, 부모에게 설명하는 기회를 가질 것.
즉, 아이한테 선생님 역할을 주어
공부한 내용이나 개념, 풀이 과정 등을
부모에게 설명할 기회를 주면 좋습니다.
셋째, 복습과 반복 학습을 꾸준히 할 것.
그날 배웠던 내용을 당일과 일주일 후,
한 달 단위로 복습과 반복 연습을 하면 효과적입니다.
넷째, 평가를 통해 실수나 보완점 점검하기.
메타인지 활동을 하며 시험을 보면
자신이 범했던 실수, 공부 전략의 보완점 등을 점검할 수 있습니다.
메타인지 기술은 고정되어 있는 정해진 방법이 아닙니다.
아이가 수행해야 할 과제나 배워야 할 내용,
학습이 일어나는 상황에 따라 다양하게 변할 수 있습니다.

아는 것을 안다고 하고, 모른 것을 모른다고 하라. 이것이 곧 아는 것이다.
— 공자(孔子)

아이의 힘을 키우는 과정

온전히 아이에게 맡기세요.
비록 실수하고 서툴지만 누구나
그 시절에는 그렇답니다.
실수를 두려워하거나 부끄러워하지 않게
스스로 하려는 의지와 노력을 칭찬해주세요.
아이가 스스로 하려는 것은
내면의 에너지를 밖으로 쏟아내고 있는
능동적이고 적극적인 표현입니다.
자신의 힘을 키우는 과정입니다.

칭찬은 평범한 사람을 특별하게 만드는 마법과도 같다. ― 막심 고리키(Maxim Gorky)

수학, 일상생활의 문제를 해결하는 것

'수포자'.
수학을 대표하는 단어로 '수학을 포기한 자'를 뜻합니다.
"학생들 중 많게는 50%가 수포자다."
이런 연구 결과도 있습니다.
짧은 시간에 더 많은 문제의 정답을 맞히는 문제 풀이식의
현행 입시 수학은 더 이상 수학이라 불러서는 안 될 수준입니다.
수학이 어렵거나 포기하게 만드는 그 첫 번째 이유는
'수학이 내게 필요한가?', '나에게 어떤 의미가 있지?'라는
생각을 품는데서 출발합니다.
아이는 수학이 필요하다고 느끼지 않으면
수학 수업 내용에 주의를 기울이지 않습니다.
아이들은 재미와 필요에 주의를 기울이지만
수학은 그런 공부가 되지 못합니다.
미국의 차세대 수학 평가 문항을 살펴보면
대부분 학습자의 삶에 필요하다는 것을 절실히 느낄 수 있는 것들입니다.
즉 수학은 자신의 삶의 문제를 해결할 때
필요하다는 것을 느끼게 해줍니다.
수학은 아이들의 생활과 현실을 벗어나서는 결코 성공할 수 없습니다.
수학은 아이의 생활 공간에서 출발해
아는 것을 다른 지식과 연결해주는 학문이어야 합니다.

수학은 이해하는 것이 아니다. 그저 익숙해지는 것일 뿐이다.
— 존 폰 노이만(John von Neumann)

스스로 생각하도록 기다려주는 지혜

아이가 수학을 잘하고 즐기기 위해서는
부모의 노력이 꼭 요구됩니다.
즉 생각하는 방법과 능력을 키워야 합니다.
어떤 아이는 수학 문제를 빠르고 간단하게 해결하고
어떤 아이는 며칠 동안 고민하며 풀려고 노력합니다.
오랜 시간 동안 문제를 풀면서 생각하는 힘이 길러져야
수학을 잘 할 수 있는 바탕이 됩니다.
아이들이 수학을 잘하기 위해선
부모가 기다려주는 것이 가장 좋은 방법입니다.
아무리 간단한 문제라도 문제 푸는 법을 알려주는 것은
아이들이 스스로 생각할 기회는 물론이고
문제를 풀었을 때의 즐거움을 뺏는 것입니다.
이때 부모가 해야 할 일은
수학 공부의 목적을 끊임없이 알려주는 것입니다.

진정으로 새로운 아이디어를 찾으십시오. 그것이 다른 사람과 차별되는
유일한 방법입니다. 내가 가장 중요한 사람이 되는 유일한 방법입니다.
— 영화 〈뷰티풀 마인드〉 중에서

완전 학습을 꿈꾸는 수학

수학은 '계통성'이라는 가장 큰 특징을 내포한 학문입니다.
자연수 개념을 모르고 사칙연산을 할 수 없습니다.
즉 수학은 학년이 올라갈수록 난이도와 응용력을
점진적으로 기를 수 있도록 구성되어 있습니다.
따라서 한 번 학습 결손이 일어나면
다음 학기나 학년에 반드시 어려움을 겪습니다.
그에 비해 국어나 사회, 과학 등은
설령 학습 부진이 발생하더라도
다음 학년에 별 영향을 주지 않을 가능성이 높습니다.
수학이 반드시 완전 학습을 달성해야 하는 이유입니다.

소년은 늙기 쉽고 학문은 이루기 어렵다. ― 주자(朱子)

아이가 보는 앞에서 싸우지 마세요

아이가 보는 앞에서는 큰 소리를 내거나
심하게 다투지 않는 것이 좋습니다.
아이도 감정과 생각이 있기에 대개 금방 알아차립니다.
부모 눈치를 보며 그러한 상황을 어색하게 받아들입니다.
아이한테 누구나 싸울 수 있다는 걸 이해시키고,
아이가 보는 앞에서 화해하는 것이 좋습니다.

때론 자존심을 버리는 것도 다툼을 피하는 좋은 방법이다. — 혜민(慧敏)

수학을 위한 최소한의 부모 노력

가정에서 수학을 도와주거나 지도하기란 매우 어렵습니다.
실제 초등 중반 문제를 가르치려 해도 쉽지 않을 때가 많습니다.
수학 공부를 위해 부모가 할 수 있는 최소한의 역할은 무엇일까요?
먼저 아이의 수준을 정확히 알아야 합니다.
'수학'과 '수학익힘' 책은 아이가 성취해야 할 최소 수준입니다.
학교에서 수학 교과를 공부한 날
아이의 수준보다 한 단계 높은 응용이나 심화 수준의 문제를 선택해
가정에서 풀어보게 하세요.
물론 문제 풀이와 정답지는 부모가 보관하고 있어야 합니다.
채점은 격려하고 칭찬하기 위한 것이지
아이를 야단치고 꾸중하기 위함이 아니라는 걸 기억하세요.
초등 3~4학년 시기부터는 채점 후 오답 노트를 활용하세요.
오답 노트는 일반 줄 공책을 반으로 접어 왼쪽은 개념과 원리,
오른쪽은 문제 풀이로 활용하면 좋습니다.

수학의 매력은 결과가 절대적으로 확실하다는 데 있다. — 루이스 캐럴(Lewis Carroll)

미래의 수학 평가

다음은 초등학교 5학년 수학 평가 문항입니다.
1. 가능한 여러 가지 방법을 이용해 5/6과 6/7의 크기를 비교하라.
2. 다음 작품은 김홍도의 〈씨름〉입니다. 아래 작품에서 규칙성을 찾아 설명하시오.

앞으로의 수학 평가는 위 문제처럼 달라집니다.
단순한 연산이나 아이의 경험과 전혀 관련 없는 문제는
곧 사라질 것입니다.
미술 작품 속에도, 나뭇가지에도 수학은 담겨 있습니다.
수학은 이제 더 이상 단순히 문제 푸는 것을 요구하지 않습니다.
아이의 경험을 바탕으로 스스로 정답을 찾아가는 과정을 통해
수학적 사고력과 문제 해결력을 평가하는 시기가 곧 다가옵니다.

수학을 모르는 자는 세계를 이해하지 못하고 자신의 무지함을 인식조차 못한다.
— 프랜시스 베이컨(Francis Bacon)

사회 공부를 이해하기 위한 조언

사회는 인간 공동체를 매개로 세상을 이해하는 통로입니다.
또한 지리, 역사, 경제, 정치 등 여러 분야와 통합되어 있습니다.
사회는 일상생활과 밀착되어 있기 때문에
그 현상을 스스로 탐구해가는 과정이 중요합니다.
학년이 높아짐에 따라 사회과 교육 내용이 심화됩니다.
학습자의 발달 및 사회적 경험 등을 고려해
3학년에서는 우리 고장의 생활 모습,
4학년에서는 시, 도의 모습과 사회생활,
5학년에서는 우리나라의 역사와 문화,
6학년에서는 지구촌 시대의 우리에 대해 배웁니다.
사회는 지식이나 내용을 외우는 게 아니라
전체적인 흐름을 원인과 결과 중심으로 이해하는 것이 중요합니다.

학문이란 오랜 기간 동안 고금의 인류 경험을 이해하는 것이다. ─ 루소(Rousseau)

아이가 사회 영역에 관심을 갖게 하는 방법

지리 영역은 아이가 살고 있는 마을을 중심으로
지도를 활용해 그곳을 다녀오고, 그려보고, 여행하는 경험이 중요해요.
역사 영역은 쉽게 이해할 수 있도록 접근하면 좋아요.
만화책이나 영화를 보고
전시장이나 박물관, 유적지 등의 체험 학습을 적극 이용하세요.
사회문화 영역은 다양한 사회 현상에 관심을 가지고
일상생활과 어떻게 관련되어 있는지 생각해보면 좋습니다.
경제 영역은 직장이나 물건을 사는 것 등 모든 일이
경제와 관련 있다는 걸 알 수 있도록 관심을 유도해주세요.
평소 뉴스나 신문 등을 통해
또 물건 사기나 은행 이용 등을 통해
다양한 체험 기회를 제공해주세요.
정치 영역은 사회적 논점에 관심을 갖고,
대화와 토론으로 문제를 해결하는 습관을 들이세요.
예를 들어, 외국 농수산물 수입에 대해 자신의 관점을 세우고,
토론을 통해 문제를 해결하는 과정을
연습해보는 것도 좋습니다.

기초 없이 이룬 성취는 단계를 오르는 게 아니라 성취 후 다시 바닥으로 돌아오게 된다. — 만화 〈미생〉 중에서

과학적 사고력과 탐구 능력 신장

과학은 주변의 여러 현상을 관찰하고 탐구해
과학적 사실과 지식을 쌓는 과목입니다.
과학 공부는 탐구 과정에 필요한 실험과 관찰로 이뤄집니다.
실험을 통해 우리 주변의 여러 자연 현상의 원인을 파악할 수 있고,
관찰을 통해 실제 자연 현상을 확인합니다.
실험에 참여하는 태도와 실험 과정의 이해가
과학 학습 능력을 키우는 첫걸음입니다.
저학년일수록 이러한 연습이 꼭 필요합니다.
과학 교과 연계 도서를 읽거나 집에서 도구를 이용해
직접 실험하는 것도 좋은 방법입니다.
문제 해결을 위해 어떤 실험에 어떤 도구를 이용했는지,
그 결과가 어땠는지 살펴보는 것이 중요합니다.
다음으로, 과학의 개념과 용어를 이해하고 정확히 알아야 합니다.
과학은 한 단원 학습이 끝나면 새로 배운 지식을
자기만의 방식으로 정리해보는 것이 좋습니다.
또한 과학 관련 전시회나 캠프에 참여하고
과학 잡지 등을 활용해 흥미와 관심을 넓히는 것도 좋습니다.

모든 과학의 위대한 목표는 최대한 많은 경험에서 얻은 사실을 최소한의 가설이나 원리에서 추론한 논리적 해석으로 설명하는 것이다. — 아인슈타인(AEinstein)

부모와 아이의 시간 활용법

아이의 발달 수준이나 학년, 집중력 등에 따라
시간 계획은 달라져야 합니다.
더욱 중요한 것은
아이가 유아 시기부터 부모와
시간을 어떻게 쓸지 연습하는 기회를 충분히 갖느냐입니다.
유아 시기부터 충분히 연습한 아이는
초등 시기에 시간을 효과적으로 쓸 준비를 완료한 셈입니다.
휴식과 놀이, 책 읽기, 과제하기 등을 구분해
매일 시간에 따라 연습하는 것이 좋습니다.
규칙과 약속을 정하고 차츰
습관이 되도록 도와주세요.

낭비한 시간에 대한 후회는 더 큰 시간 낭비이다. ― 메이슨 쿨리(Mason Cooley)

방과후 시간 이렇게 활용하세요

방과후에 학교 도서관을 한 시간 정도 활용하면 어떨까요?
피아노, 바이올린, 성악 등 음악 활동,
태권도, 무용, 발레, 수영 같은 신체 활동,
미술, 과학 탐구 등 창의 활동을
요일에 맞춰 계획한다면 오후 시간이 알찹니다.
중요한 것은 가정에서의 시간 계획입니다.
식사, 휴식, 놀이 시간을 구분하고 학습 활동 계획을 세우세요.
스스로 하는 숙제, 우리말 독서, 영어 듣기나 영어 동화책 읽기 등
일정한 시간 패턴에 맞춰 아이들과 함께하고
조금씩 습관화하는 것이 좋습니다.
이러한 습관화를 거친 후 시간계획표를 작성하여
스스로 능동적이고 실천하도록 격려하고 지지한다면
초등 고학년 시기에는
자연스럽게 자기 주도 학습 능력 발달로 이어집니다.

습관은 나무 껍질에 새겨놓은 문자 같아서 그 나무가 자라남에 따라 확대된다.
— 새뮤얼 스마일스(Samuel Smiles)

스스로 존중하고 사랑하는 아이

스스로를 존중하고 사랑하는 아이는
주체적으로 행동하고, 스스로 해야 할 일을 실천합니다.
그러기 위해서는 공부나 놀이, 정리 등 다양한 활동에서
아이에게 주도권을 주는 것이 좋습니다.

인간은 누구나 관심 있는 일을 할 때
동기 부여가 되고 잘 배울 수 있습니다.
스스로 능동적인 아이가 되도록 성향을 잘 파악하고,
그에 맞게 행동을 예상하고 준비해야 합니다.
예를 들어, 소심한 아이라면 지나치게
심리적 부담을 주는 상황을 만들지 않아야 합니다.

그대의 가치는 그대가 품은 이상에 의해 결정된다.
— 발타사르 그라시안(Baltasar Gracian)

이 세상 최고의 스승

아이가 좋은 교사를 만나는 것은 행운입니다.
하지만 그런 행운을 얻을 확률은 얼마나 될까요?
그 행운이 찾아오기만을
기다리는 부모가 너무도 많습니다.
설령 좋은 교사를 만나는 행운이 온다 해도
금방 지나쳐 버리기 십상입니다.
좋은 교사를 만나는 행운을 바라기보다
부모 자신이 그런 행운을 아이에게 선물해주는 건 어떨까요?
그렇다면 누가 최고의 교사가 되어야 할까요?
그건 바로 부모입니다.

행운은 마음의 준비가 되어 있는 사람에게만 미소를 짓는다.
— 루이 파스퇴르(Louis Pasteur)

베드타임 리딩의 놀라운 가치와 힘

저희 집에서는 베드타임 리딩을 주로 거실 소파에서 실천합니다.
아이의 침대가 작은 이유도 있지만 잠과 독서를 구분짓기 위해서입니다.
유아기에는 대개 글밥이 적어 10권 내외의 책을 읽어주었습니다.
엄마나 아빠가 늦게 퇴근할 때는
보통 힘든 일이 아닙니다.
읽기 능력이 발달하는 6세 무렵부터는 아이가 부모에게
책을 읽어주는 경험을 나누었습니다.
지금은 초등 저학년이라 글밥이 있는 책은 주로 스스로 읽고,
베드타임 리딩 때 글밥이 적고 이야기를 나눌 수 있는 책을 선택합니다.
대개 아이, 엄마, 아빠가 각자 책을 고릅니다.
각자 책을 고르는 이유는 아이의 선택을 존중하고
우리말이나 영어책의 조화와 균형을 맞추기 위해서입니다.
책의 난이도와 영역을 조절하면 더욱 좋습니다.
유아 시기에는 우리말 책을 더 많이 선택했지만
현재는 우리말과 영어책 비중이 거의 같습니다.

책을 읽을 때 중요한 세 가지는 마음을 집중해 내용을 이해하는 것, 눈을 집중해 보는 것, 그리고 입을 집중해 낭독하는 것이다. — 주자(朱子)

오랜 학습보다 분산 학습이 뇌 기억을 돕습니다

아이들과 마찬가지로 어른도
무조건 여러 번 반복해서 읽거나 많은 양을 한 번에 공부하는 게
실력 향상에 도움을 줄 거라 믿는 경우가 많습니다.
하지만 인지학습심리학에서 보면 미신에 불과합니다.
예컨대, 달리기 기능을 향상시키기 위해
하루 8시간 연습하는 것이 효과적일까요?
얼마나 많이 익히는 게 중요한 것이 아니라
꾸준한 것이 중요합니다.
한꺼번에 하는 공부는 단기 기억에 의존합니다.
장기 기억 속에 저장하려면 간격을 둔 연습과
이를 통합하기 위한 시간이 필요합니다.

우리가 해야 할 일은 끊임없이 호기심을 갖고, 새로운 생각을 시험해보고, 새로운 인상을 받는 것이다. — 월터 페이터(Walter Pater)

듣기만 한 지식은 내 것이 아닙니다

학교나 강연에서 자녀 교육에 대해 함께 이야기할 기회가 많습니다.
'여러분이 아이의 양육과 교육 방법이 바뀌지 않을 것을 압니다.'
많은 부모에게 꼭 이 이야기를 말씀 드립니다.
그 이유는 사람은 좀처럼 변하기 어렵다는 믿음을 가지고 있고
변하려고 노력했다면 이미 변해 있어야 하기 때문입니다.
또 하나는 듣기만 한 지식은 곧 기억에서 사라지기 때문입니다.
반드시 기억하기 위해서는 학습한 것을 인출해보는 연습이 필요합니다.
간단한 퀴즈를 풀거나 시험 문제를 해결해보는 것이 좋습니다.
학교 교육이 아이의 실력을 향상시키는 데 한계가 있는 이유도
매번 인출 연습이나 시험을 볼 수도 없고,
스스로 배웠던 것을 연습해보는 기회를 갖기 어렵기 때문입니다.
복습이 중요한 이유가 바로 여기에 있습니다.

대부분의 아이들에게 교사의 지혜를 수동적으로 수용하는 것은 쉬운 일이다. 여기에는 독자적으로 사고하려는 노력도 없고, 교사가 학생보다 많이 알기 때문에 합당해 보이기도 한다. 그러나 수동적으로 수용하는 습관은 이후의 삶에서 재앙과도 같다.
— 버트런드 러셀(Bertrand Russell)

수학적 문제 해결력을 높이는 방법

수학 교과서나 문제집에는 배웠던 개념과 원리를
집중적으로 연습하고 반복하도록 하는 경우가 있습니다.
이런 식으로 공부를 한 후
한 학기나 한 학년이 끝나갈 무렵
그 개념과 원리를 얼마나 기억하고 있을까요?
아마 아이의 기억 속에서는 이미 사라져버렸을 확률이 높습니다.
배웠던 내용을 다른 단원과 연계해
변화를 주면서 연습할 때
수학적 능력과 문제 해결력은 더욱 성장합니다.
예를 들어, 계속해서 분수의 덧셈만 공부하는 것보다
분수의 덧셈, 분수의 뺄셈, 분수의 나눗셈 문제를
번갈아가면서 해결해보는 것이 좋습니다.
또 단순 연산, 수직선이나 그림, 문장제 등
다양한 유형의 문제를 해결해보는 것입니다.
하지만 배웠던 내용을 한 달 후, 두 달 후 연습하는 것은
다시 배우는 것과 같아 그 효과가 없습니다.

수학은 과학으로 향하는 문이자 열쇠이다. — 로저 베이컨(Roger Bacon)

알아서 공부하는 아이는 없습니다

무엇을 해야 할지,
어떤 일정으로 계획을 세울지,
어떤 방법으로 하는 게 좋을지
모르는 아이에게 스스로 공부하라고 하는 것은
공부하지 말라는 말과 같습니다.
부모라면 어떤 과목을 어떻게 공부할지
어떤 계획을 세울지,
아이와 이야기를 나눠야 합니다.
그리고 실천 과정에서 잘된 점과 잘못된 점을
피드백할 수 있어야 합니다.
알아서 공부하겠지라고 생각하는 부모는
아이를 방임하는 것과 다를 바 없습니다.

반드시 한 가지 책을 여러 번 읽어서 그 안의 참된 이치와 뜻을 깨달아 통달하고 의심이 없게 된 후에야 다른 책을 읽을 일이다. 여러 가지 책을 탐내 이것저것을 얻으려고 분주히 섭렵해서는 안 된다. ― 이이(李珥)

노력을 칭찬받는 아이

"넌 머리가 참 똑똑해."
지능을 칭찬받는 아이는
똑똑해 보이기 위해 쉬운 과제를 선택합니다.
다른 어려운 과제에 도전하지 않습니다.
"넌 그 문제를 위해 정말 노력하는 것 같아."
노력을 칭찬받는 아이는
스스로 새로운 지식과 기술을 얻기 위해 노력합니다.
어렵고 새로운 과제에 도전하려 합니다.
지능에 대한 칭찬은 아이가 실패에 대한 두려움을 갖게 합니다.
실패하면 패배감과 무력감이 생깁니다.
지능은 노력과 학습의 결과라고 믿을 수 있는
사고방식을 가지도록 조언해주세요.

칭찬 속에서 자란 아이는 감사할 줄 안다. ― 도로시 로 놀트(Dorothy Law Nolte)

배운 내용을 검토하고 정리하는 공부법

아이들이 공부한 내용을 가지고 무엇을 배웠는지,
이전에 배웠던 내용과 어떻게 관련되어 있는지,
어떻게 해결하면 좋을지,
스스로에게 질문해보는 것이 좋습니다.
가능하면 그날 배웠던 내용을 반추하도록 하세요.
배운 내용을 검토하고 중요한 내용을
정리하는 것도 좋은 방법이 될 수 있습니다.
이를 통해 배웠던 내용을 더 정확히 알게 되고
나중에 아이의 기억 속에서 더 잘 인출될 수 있도록 도와줍니다.

성실함의 잣대로 스스로를 평가하라. 그리고 관대함의 잣대로 남들을 평가하라.
— 존 미셸 메이슨(John Mitchell Mason)

창조는 지식의 연결입니다

지식이 각각 독립된 별개의 상태라면
경험은 그 지식이 결합되어 있는 상태입니다.
즉 사물을 단순히 아는 것이 지식이며
이것들을 연결시켜 이용 가치를 높인 상태가 경험입니다.
우리의 삶에서 도움이 되는 것은 지식이 아니라 경험입니다.
창조란 지금까지 축적해온 지식을 종합해
새로운 가치를 만들어내는 능력이라고 할 수 있습니다.
위대한 예술가나 작가, 과학자는 아이디어 수집의 중요성을 강조합니다.
지금 우리가 접하는 세상 모든 것은
기존에 만들어진 것에 새로운 지식이나 기술을 조합해
만들어낸 가치입니다.

창조적 아이디어는 서로 상관없는 걸 연결하는 것이다. ― 스티브 잡스(Steve Jobs)

왜 우리는 질문을 잃어버렸을까?

창의적인 아이로 자라기 위해서는
질문을 잘하는 습관을 들여야 합니다.
교육이 목적이라면 그 수단은 질문입니다.
하지만 어디에서도 질문하는 법을 가르치지 않습니다.
질문하는 것도 배워야 잘할 수 있습니다.
질문을 잘하면 좋은 대답이 돌아옵니다.

가장 중요한 것은 질문을 멈추지 않는 것이다. 호기심은 그 자체만으로도 존재 이유를 갖고 있다. 신성한 호기심을 절대로 잃지 말라. ― 아인슈타인(Einstein)

12월
DECEMBER

뛰어난 성취를 하는 데 중요한 것은
지능이나 지식이 아닌 바로 '습관'이다.
슈퍼 부모들은 자녀의 지능을
높여주려고 노력하기보다는
좋은 습관과 자세를 키워주려고 노력했다.
— 제임스 캠벨 외, 《슈퍼 부모들의 공부 기술》 중에서

12월의 탄생화

1일: 쑥국화(Tansy) - 평화
2일: 이끼(Moss) - 모성애
3일: 라벤더(Lavendar) - 기대
4일: 수영(Rumex) - 애정
5일: 앰브로시아(Ambrosia) - 행복한 연애
6일: 바위취(Saxifraga) - 절실한 사랑
7일: 양치(Fern) - 신뢰
8일: 갈대(Reed) - 깊은 애정
9일: 국화(Chrysanthemum) - 고결
10일: 빨강동백(Camellia) - 고결한 이성
11일: 단양쑥부쟁이(Fig Marigold) - 애국심
12일: 목화(Cotton Plant) - 우수
13일: 자홍색국화(Chrysanthemum) - 사랑
14일: 소나무(Pine) - 용감
15일: 서향(Winter Daphne) - 불멸
16일: 오리나무(Alder) - 장엄
17일: 벗꽃난(Honey-Plant) - 동감
18일: 세이지(Sage) - 가정의 덕
19일: 스노플레이크(Snow Flake) - 아름다움
20일: 파인애플(Pineapple) - 완전무결
21일: 박하(Mint) - 덕
22일: 백일홍(1년초)(Zinnia) - 행복
23일: 플라타너스(Platanus) - 천재
24일: 겨우살이(Loranthaceac) - 강한 인내심
25일: 서양호랑가시나무(Holly) - 선견지명
26일: 크리스마스로즈(Christmas Rose) - 추억
27일: 매화(Prunus Mume) - 맑은 마음
28일: 석류(Pomegranate) - 원숙미
29일: 꽈리(Winter Cherry) - 자연미
30일: 납매(Carolina Allspice) - 자애
31일: 노송나무(Chamaecyparis) - 불멸

지극히 정성을 다하면 변합니다

작은 일도 무시하지 않고 최선을 다해야 한다. 작은 일에도 최선을 다하면 정성스럽게 된다. 정성스럽게 되면 겉에 배어나오고, 겉으로 드러나면 이내 밝아지고, 밝아지면 남을 감동시키고, 남을 감동시키면 이내 변하게 되고 변하면 생육된다. 그러니 오직 세상에서 지극히 정성을 다하는 사람만이 나와 세상을 변하게 할 수 있는 것이다. 바뀐다. 온 정성을 다해 하나씩 바꿔나가면 바뀐다.

이것은 《중용(中庸)》에 나오는 구절입니다.
이 글은 부모로서 아이를 대하는 태도를 돌아보게 합니다.
부모의 길이 무엇인지 알려주는 좋은 글입니다.
작은 일에도 정성을 다하면 내 아이는 변화합니다.

우리가 할 수 있는 최선을 다 할 때, 우리 또는 다른 사람의 삶에 어떤 기적이 일어날지는 아무도 모른다. — 헬렌 켈러(Helen Keller)

DEC 2

 읽은 후 나는 읽기 전의 내가 아닙니다

책을 대하는 허균의 자세는 시대와 지역을 넘어섭니다.
허균의 《한정록》에는 다음과 같은 표현이 있습니다.
'독서는 모르는 것에서 앎이 생겨나고,
앎에서 잘 모르는 것이 생겨난다.
읽고 또 읽으면
지금까지 몰랐던 새로운 사실을 알게 되고
그 새로운 사실이 계속된다.'
책을 1권 읽었을 때의
아이의 마음과 지식, 세상을 보는 마음,
책을 100권 읽었을 때의
아이의 마음과 지식, 세상을 보는 마음,
책을 1000권 읽었을 때의
아이의 마음과 지식, 세상을 보는 마음은 다릅니다.
시간이 지날수록 엄청난 성장과 발달의 차이를 만듭니다.

독서는 모르는 것에서 앎이 생겨나고, 앎에서 잘 모르는 것이 생겨난다.
— 허균(許筠)

뇌의 네트워크 확장

학자마다 차이가 있지만 인간의 두뇌는
0~4세까지는 약 50%, 4~8세까지는 약 30%,
8~17세까지 나머지 20%가 발달합니다.
영유아기는 두뇌가 급격하게 발달하는 시기입니다.
기억을 저장하고 인출할 때는 종합적인 사고를 필요로 하는데
그 역할을 바로 전두엽이 합니다.
아이는 어른과 같은 신경세포를 가지고 있지만
각 신경세포를 연결하는 네트워크가 빈약합니다.
전두엽이 발달하면서 신경세포 연결이 촘촘하고 무성해집니다.
초등학교 시기에 다양한 경험이나 자극을 받지 못하면
신경세포의 네트워크가 원활하게 형성되지 않고 잘려나갑니다.
따라서 공부를 위한 최고의 기억력을 발휘하려면
초등학교 시기에 직접 만지고 느끼고
판단할 수 있는 다양한 경험을 통해
신경 세포의 네트워크를 확장시켜야 합니다.

뇌는 생후 10~12세까지의 결정적 시기에 경험한 언어 위주로 신경회로망들이 최적화된다고 알려져 있다. 그렇다면 만약 어린 시절에 언어를 듣지 못한다면 영원히 정상적인 언어 구사를 할 수 없다는 가설을 세울 수 있다. ─ 김대식, 《내 머릿속에는 무슨 일이 벌어지고 있을까》 중에서

DEC 4

 두뇌는 먼저 안정과 생존을 필요로 합니다

가장 똑똑한 사람이 승자가 되는 경쟁 사회에서
과잉 양육은 아이를 망칩니다.
아이는 어릴 때 부모의 비위를 맞추고 의지합니다.
자라서는 부모의 기대에 비상하게 반응합니다.
하지만 자신의 두뇌로 감당하지 못할 부모의 지나친 기대는
아이의 사고를 방해하고, 지적 탐구심과 호기심은 사라지게 만듭니다.
두뇌는 생존 기관이므로 인정이나 존중을 받지 않으면
배움에 대한 탐구가 잘 이루어지지 않습니다.
어린 시기에 부모의 지나친 기대에 노출되거나
반복적인 분노나 또는 실망에 노출되면
아이의 두뇌는 상처를 받습니다.
또 학습된 무력감에 빠지거나 우울증에 걸리기도 합니다.
반대로 언어적 상호 작용, 열린 놀이, 노력에 대한 칭찬 등은
아이의 두뇌를 향상시킵니다.

모든 아이들에게는 강점이 있습니다. 그 강점이 재능이 되는 것입니다. 재능으로 계발할 수 있는 방향으로 잘 나아가게 해주어야 합니다. 그들이 정말 무엇을 좋아하고 어떤 것을 강점으로 지니고 있는지 잘 이해하고 그들이 그것을 좀 더 파고들 수 있도록 격려해주어야 합니다. ─ EBS 제작팀·검현수, 《우리 아이 성격의 비밀》 중에서

관계를 넓히고 어려움을 견뎌요

초등학교는 친구들과 함께하는 즐거움을 누릴 수 있는
가장 유익한 공간입니다.
부모님의 선입견으로 친구를 가리거나
우정을 하찮은 것으로 폄하하지 말아주세요.
배려와 존중, 리더십의 근본 바탕이 친구 관계에서 비롯됩니다.
대부분의 아이는 사교 활동도 부모의 성향을 닮아갑니다.
가능하다면 아이 또래의 부모들과 좋은 관계를 유지하세요.
가족 간의 교류가 활발하면 아이들은 싸우며, 함께 놀며
자연스럽게 우정과 경쟁하는 법을 배우게 됩니다.

아이들의 욕구를 무시해선 안 되지만
때때로 인내의 가치를 경험하게 하세요.
부모라면 아이가 어렵고 힘든 상황에 처하기를 바라지 않습니다.
하지만 현실은 온갖 어렵고 힘든 일로 가득합니다.
아이들에게 그 일을 피하는 게 아니라
참고 이겨내고 지혜를 선물해주세요.
어떻게 어려움을 대하느냐에 따라 똑같은 어려움도
전혀 다른 결과를 가져옵니다.

우정은 풍요를 더 빛나게 하고, 풍요를 나누고 공유해 역경을 줄인다.
— 키케로(Cicero)

DEC 6

 두뇌가 전하는 최고의 공부 비법

학습에 가장 중요한 영향을 미치는 것이 기억입니다.
이런 기억은 시간을 기준으로 눈앞에 보이는 초단기 기억,
불필요하면 잊게 되는 단기 기억,
개념과 의미를 저장하며 장시간 유지되는 장기 기억으로 나눠집니다.
뇌에 새로운 정보가 노출되면 먼저 단기 기억 저장소에 저장됩니다.
단기 기억에서 장기 기억으로 넘어가려면 어떤 노력이 필요할까요?
뇌는 소리를 좋아합니다.
외워야 하는 개념, 숫자, 이름 등을
소리 내어 기억하는 것이 도움이 됩니다.
뇌는 다양한 감각이 동원되는 것을 좋아합니다.
뇌에 입력되는 정보가 시각, 청각, 촉각 등
다양한 경로를 통해 들어오면 뇌는 일종의 강조라고 생각합니다.
뇌는 이미 알고 있는 정보와 연결되는 것을 좋아합니다.
기억하고자 하는 정보를 나와 관련시키거나
내가 알고 있는 무언가와 연결시키면 좋습니다.
뇌는 스토리를 좋아합니다.
스토리란 하나의 짧은 이야기가 될 수도 있고
한 장면에 기억되는 이미지가 될 수도 있습니다.
스스로 공부한 것을 말해보거나
관련된 그림이나 표 등과 함께 공부하는 것이 좋습니다.

독서는 인간을 정신적으로 충실하고 심오하게 해줄 뿐만 아니라 영리한 두뇌를 만들어준다. — 벤저민 프랭클린(Benjamin Franklin)

세상을 보고 읽는 능력, 배경 지식

배경 지식이란 어떤 대상과 관련해 알고 있는 지식이나 경험,
어떤 글을 읽고 이해하는 데 바탕이 되는 경험과 지식을 말합니다.
학습에 있어 배경 지식이 차지하는 부분은 매우 광범위합니다.
특히 배경 지식은 읽기 능력을 결정합니다.
창의성 또한 배경 지식을 토대로
자신만의 아이디어와 성과를 만들어냅니다.
배경 지식을 쌓기 위해서는 세상을 읽을 수 있어야 합니다.
가장 효과적인 방법은 역시 읽기입니다.
다양한 분야의 독서를 통해 양질의 지식과 정보를 얻고,
놀이 체험, 미술관 방문, 음식 만들기, 영화 관람, 신문 읽기 등
다양한 방법을 활용하여
즐거운 경험과 양질의 경험을 내면화해야 합니다.
세상을 읽는 것이 배경 지식을 쌓는 방법입니다.
내 아이 배경 지식의 8할은 부모의 관심과 노력입니다.

당신이 바라거나 믿는 바를 말할 때마다, 그것을 가장 먼저 듣는 사람은 당신이다. 그것은 당신이 가능하다고 믿는 것에 대해 당신과 다른 사람 모두를 향한 메시지다. 스스로에 한계를 두지 마라. — 오프라 윈프리(Oprah Winfrey)

배움이 일어나기 위한 조건

학습이 일어나기 위해서는
가장 먼저 학습할 내용에 주의를 기울여야 합니다.
그리고 그 주의를 일정 기간 작업 기억 시스템을 지속시켜야 합니다.
작업 기억이란 어떤 과제 해결을 위해
정보를 처리하고 조작하는 뇌의 신경망입니다.
작업 기억에서 이해가 일어날 수 있기 위해서는
배경 지식이 존재해야 합니다.
뇌가 정보를 이해하기 위해서는 작업 기억에 올라온
정보 패턴과 유사하거나 또는 관련된 정보 패턴을
장기 기억에서 찾아 비교하고 대조해야 합니다.
그 결과 같은 것이거나 유사한 것으로 판명 되면
"아, 이게 그런 뜻이구나! 아, 이렇게 풀면 되겠구나!"처럼
이해가 일어나고 문제를 해결합니다.
예전에 만났던 사람의 얼굴이 저장되어 있으면
그 사람을 다시 만났을 때 알아보지만
저장되어 있지 않으면 알아보지 못하는 것과 같은 이치입니다.
작업 기억에 올라온 새로운 정보와 유사한 패턴이
장기 기억에 없거나 있어도 찾지 못하면 이해하지 못하거나
문제 해결에 실패하게 됩니다.
그래서 학습이 일어나기 위해 가장 중요한 조건은
학습자가 새롭게 학습하고자 하는 내용의 사전지식을
얼마나 잘 갖추고 있느냐입니다.

과학은 정리된 지식이다. 지혜는 정리된 인생이다. — 칸트(Kant)

지식과 경험의 차이

열심히 듣지만 내용을 이해 못하는 아이가 있고
글을 읽고도 그 의미를 잘 이해 못하는 아이가 있습니다.
듣기와 읽기 능력이 부족한 경우가 아니라면
이럴 땐 아이의 배경 지식 수준을 점검할 필요가 있습니다.
지식과 경험은 중요한 이해 요소입니다.
뇌는 새로운 정보가 들어오면 기존의 배경 지식을
수정하거나 새로운 내용으로 바꾸는 과정을 거치는데
이때 지식과 경험의 차이가 모든 것을 좌우합니다.

제대로 배우기 위해서는 거창하고 교양 있는 전통이나 돈이 필요하지 않다. 스스로를 개선하고자 하는 열망 있는 사람들이 필요할 뿐이다. — 애덤 쿠퍼(Adam Cooper)

DEC 10

 배경 지식을 살펴주세요

모든 배움의 과정에서 배경 지식이 중요하기에
배움의 출발은 바로 이 지식을 점검하는 데서 시작해야 합니다.
불안정하거나 배경 지식이 없는 상태에서의 공부는
이해도 힘들고 기억에 남지도 않습니다.
부모라면 아이의 배경 지식을 묻고 답해보세요.
이전에 알아야 할 내용이나 용어나 개념에 퀴즈를 내거나
아이에게 문장으로 말해보는 활동을 통해 확인할 수 있습니다.
새로운 용어나 개념을 접할 때 아이가 알고 있는
지식과 관련해 생각하는 기회를 가지면 좋습니다.
또한 한 단원이나 차시에서 배운 내용의
개념들을 정리하는 연습도 좋은 방법입니다.

책이 천장에, 하늘에 닿는다. 내가 쌓은 책은 높이가 1마일은 된다. 내가 얼마나 이 책들을 사랑하는지! 내게 이 책들이 얼마나 필요한지! 내가 이 책들을 읽을 때쯤이면 나는 긴 수염을 기르고 있을 것이다. ― 아널드 로벨(Arnold Lobel)

엄마의 두 가지 실수

"엄마가 벌써 몇 번이나 이야기하니?"
이렇게 말하는 엄마는 두 가지 실수를 하고 있습니다.
첫째는 말로 아이가 달라지고 변할 것이라는 생각입니다.
하지만 아이는 이런 말에 상처를 받고
스스로를 어떤 일도 잘 못하는 존재로 여기게 됩니다.
아이는 결코 말로써 달라지지 않습니다.
둘째는 아이는 가르침을 받고,
엄마는 가르치는 존재로 여기고 있습니다.
말로 가르치는 대신 행동으로 보여주세요.
백 번의 말보다 한 번의 행동이
아이에게 더 많은 영향을 줍니다.

아이들에게 조언하는 가장 좋은 방법은 아이들이 무엇을 원하는지 알아내 그것을 하라고 조언하는 것이다. — 해리 트루먼(Harry Truman)

언어 그 이상의 것, 배경 지식

우리가 쉽게 생각할 때 배경 지식은
읽기에만 적용된다고 생각하기 쉽습니다.
하지만 듣고 말하기에도 똑같이 적용됩니다.
많이 알고 있으면 상대방의 말을 잘 알아들을 수 있으며
내가 생각한 바를 정확히 표현할 수 있습니다.
배경 지식은 우리말을 넘어 영어 학습에도 큰 영향을 미칩니다.
우리가 언어를 배우는 궁극적인 이유는 자유로운 의사 소통,
즉 자신이 생각하는 바를 제대로 전달하기 위해서입니다.
단순히 영어 표현을 말할 수 있는 능력뿐만 아니라
사회 현상을 파악하고 이해하는 능력은 필수입니다.
이러한 능력은 배경 지식을 통해 길러집니다.
회화에 있어서 배경 지식은
무엇에 대해 말할 것인지 대화거리를 제공합니다.
대화하기 위해서는 어휘나 문법에 맞는 표현은 물론
대화 주제에 대한 자신만의 경험과 생각, 지식이 있어야 합니다.
배경 지식은 상대방이 말하는 내용을 잘 이해할 수 있도록 돕습니다.
읽기를 넘어 듣기와 말하기, 사회, 수학, 과학에 이르기까지
언어 그 이상의 것이 바로 배경 지식입니다.

배움이란 일생 동안 알고 있던 것을 어느 날 갑자기 완전히 새로운 방식으로 이해하는 것이다. — 도리스 레싱(Doris Lessing)

무엇이든 경험할 수 있는 용기

오랜 교직 생활 동안, 잊히지 않는 제자가 여러 명 있습니다.
그중에서 '연탄'이란 별명을 가진 현정이를 잊을 수 없습니다.
눈은 동그랗고, 피부는 까무잡잡하고,
말괄량이 삐삐를 닮은 친구입니다.
이 친구를 기억하는 이유는
무엇이든 경험하고 도전해보려는 의지가 남달랐기 때문입니다.
6학년이라 무엇에든 시큰둥한 시기였지만
글쓰기든, 책 만들기 작업이든, 축구든
자기가 해보겠다고 나섰습니다.
누구나 무언가를 처음 할 때는 잘 못합니다.
그래서 창피하고 스스로를 부끄럽게 여깁니다.
하지만 천재가 아닌 이상 잘하는 것이 더 이상한 일입니다.
실수나 실패도 소중한 경험입니다.
실수와 실패가 배움의 기회를 제공해
더 나은 결과를 이끌어내기도 합니다.
아이에게 실수나 실패를 부끄러워하거나 자책하지 않도록 해주세요.

마음을 위대한 일로 이끄는 것은 오직 열정, 위대한 열정뿐이다.
— 드니 디드로(Denis Diderot)

DEC 14

 몰입의 즐거움

스마트폰이나 인터넷 게임 또는 만화를 볼 때
아이들은 거기에 빠져
밥 먹는 것도, 잠 자는 것도 잊어버리기도 합니다.
무엇이 아이를 변화시키는 걸까요?
《몰입의 즐거움》의 저자 칙센트미하이 교수는
자신이 하는 일에 완전히 푹 빠져
몰입을 하고 있기 때문이라고 설명합니다.
아이슈타인이 상대성원리에 대한 생각을 떠올린 것도
우연히 갑자기 아이디어가 떠올랐고
뉴턴도 늘 하나의 생각에 빠져 있어
만유인력의 법칙을 발견할 수 있었습니다.
이렇게 몰입은 지적 능력을 빠른 속도로 향상시켜
학습 속도를 증진시키고, 일의 효율성도 증대시킵니다.
몰입을 경험하게 해주는 관건은
능력과 도전의 균형을 적절히 맞추는 일입니다.
아이의 실력과 집중, 능력 수준을 고려하고
도전할만한 과제 수준이 적절히 조화를 이루었을 때
몰입하는 능력을 키웁니다.

나는 몇 달이고 몇 년이고 생각하고 또 생각한다. 그러다 보면 아흔아홉 번은 틀리고, 백 번째가 되어서야 비로소 맞는 답을 얻어낸다. — 알버트 아인슈타인(Albert Einstein)

아이의 공부 계획

책을 쓸 때는 목차를 잡는 것이
책 쓰기의 절반입니다.
여행을 갈 때는 계획을 잡는 것이
여행의 절반입니다.
공부도 마찬가지입니다.
공부를 잘하기 위해서는 계획부터 세워야 합니다.
아이가 학습할 수 있는 양보다 조금 더해
계획을 짜는 것이 효율적입니다.
계획표를 짤 때는 월별로, 과목별로, 교재별로
어떻게 학습할지 구체적으로 자세히 기록하는 것이 좋습니다.
가능하면 매일의 실천 사항을 부모가 체크해주세요.
연습하고 격려와 지지를 보내주면
스스로 자기 계획을 실천하는 아이로 자랍니다.

독서 영재들에 대한 연구 조사에서 발견한 네 가지 공통 요소
첫째, 아이에게 규칙적으로 책을 읽어주었다.
둘째, 집에 책·잡지·신문·문화 등 다양한 인쇄물이 있었다.
셋째, 종이와 연필이 항상 아이 주변에 있었다.
넷째, 가족이 읽기와 쓰기에 대한 아이의 흥미를 다방면으로 자극했다.
― 짐 트렐리즈, 《하루 15분 책 읽어주기의 힘》 중에서

공부도 사랑처럼

아이가 공부할 수 있는 환경을 만들어주세요.
부모는 TV를 보거나 스마트폰을 하면서
아이에게 공부하라고 말하지 않나요?
부모의 강압에 못 이겨 책상 앞에 앉아 있는 공부는
지루하고, 버려지는 시간일 가능성이 높습니다.
정해진 공부 시간이 되면
모든 가정 일을 아이의 시간에 맞춰주세요.
조용히 집중할 수 있는 환경을 만들어주어야 합니다.
부모 또한 책을 보거나 자기 발전을 위해 노력을 기울이세요.
공부도 사랑처럼 말이 아닌 실천이 더욱 빛납니다.

> 배움은 우연히 얻어지는 것이 아니라 열성을 다해 갈구하고 부지런히 집중해야 얻을 수 있는 것이다. ― 애비게일 애덤스(Abigail Adams)

바람직한 배움의 자세

바람직한 배움의 자세에는 어떤 것들이 있을까요?
무엇보다 교실이나 가정에서 시간 약속을 잘 지켜야 합니다.
공부하기로 약속한 시간, 과제 해결 시간 등도 마찬가지입니다.
시간 약속을 잘 지키는 아이는
복습이나 과제 등도 스스로 해결하려 하며
이를 통해 지식의 습득이 잘 이루어집니다.
또한 가르치는 사람에 대한 믿음과 존경이 필요합니다.
상대를 존중하지 않으면
당연히 열심히 하지 않습니다.
여러분은 학창 시절 좋아했던 선생님 과목을
열심히 공부한 기억이 있을 것입니다.
아이 앞에서 선생님을 비난해서는 안 되는 이유이기도 합니다.
스승을 존중하는 아이는
자신의 미래도 소중하게 생각합니다.

최고의 선생은 가장 많은 지식을 가진 사람이 아니다. 학생들이 배울 수 있는 능력을 가지고 있다는 사실을 믿도록 만드는 사람이 최고의 선생이다.
— 노먼 코진스 (Norman Cousins)

노력의 결과만큼 꿈꿀 수 있습니다

내 노력의 결과가 좋을수록
내가 꿈꿀 수 있는 일들이 많아집니다.
내가 할 수 있는 일들이 많아집니다.
반대로 내 노력의 결과가 나쁠수록
내가 꿈꿀 수 있는 일들이 적어집니다.
내가 할 수 있는 일들이 적어집니다.
꿈은 꾸는 것이 아닌 것 같아요.
꿈은 만들어가는 것 같아요.
꿈은 내가 노력한 만큼 꾸는 것 같아요.
꿈이 아이를 만들어가는 것이 아니라
아이가 꿈을 만들어갑니다.
내 아이가 꿈꾸고 꿈을 만들어갈 수 있도록
아이 스스로 배움을 찾도록 하세요.

우리에게서 꿈을 앗아가는 사람은 우리의 삶을 앗아가는 사람이다.
— 버지니아 울프(Virginia Woolf)

무엇이 아이들의 진짜 꿈일까?

보통 '꿈' 하면 직업을 떠올립니다.
꿈도 여러 가지 종류가 있을 것입니다.
직업으로서의 꿈 외에도
어떤 사람이 될 것인지 마음 발달과 관련된 꿈,
'어떤 삶을 살아갈 것인가?'처럼
추구하는 삶과 관련된 꿈도 있습니다.
초등 시기까지는 두 번째, 세 번째 꿈을 꾸도록 해주세요.
직업으로서의 꿈은 청소년기에 꾸어도 충분합니다.
아이가 꾸어야 할 진정한 꿈은
아이 자신에 대한 것, 앞으로 삶에 대한 꿈입니다.

옛 책을 다시 읽으면 당신은 그 책 속에서 전보다 많은 내용을 발견하지는 않는다. 단지 전보다 많이 당신 자신을 발견한다. — 클리프턴 패디먼(Clifton Fadiman)

읽기를 소홀히 하면 안 되는 이유

읽기는 아이의 학습 능력을 발달시키는 역할을 합니다.
읽기는 지식과 정보를 무한히 확장해나가게 합니다.
읽기는 이해력과 상상력, 창의력을 키워줍니다.
읽기는 기억력과 문법, 어휘력, 문장력 등을 키워줍니다.
읽기는 삶의 방향과 가치, 의미를 발견하게 해줍니다.
읽기는 지식과 정보, 고민, 질문, 의미 등 모든 것을
총체적으로 통합해 이루어지는 사고의 과정입니다.
이렇게 읽기를 통해 아이는 많은 것을 배웁니다.
아이가 읽기를 소홀히 하게 내버려두지 마세요.

꿈을 계속 꾸어라. 꿈의 세계에 들어가서 나오지 말아라. 남은 시간 동안 꿈속에서 살아라. ─ 무라카미 하루키(村上春樹)

겨울방학을 맞는 아이와 학부모에게

아이가 학교에서 보내는 날은 190일 정도입니다.
가정에서 보내는 방학은 80일 정도입니다.
아이의 습관을 바꿀 수 있는 매우 소중한 시간입니다.
이 귀중한 시간을 어떻게 보내느냐에 따라
아이는 또 한 뼘 자라기도 하고,
그냥 그 자리에 머물기도 합니다.
방학을 어떻게 보내는 것이 좋을까요?
먼저, 다양한 경험의 기회로 삼으면 좋습니다.
가족과 여행을 가거나 평소 하지 못했던 스키나 수영 등
재능과 취미를 키울 수 있으면 금상첨화입니다.
다음으로, 풍부하게 읽는 경험을 키우면 좋습니다.
가능하다면 하루 최소 2시간 이상 읽는 기회를 가지세요.
마지막으로 무리한 목표나 계획보다 아이와 함께 지켜야 할 것과
해서는 안 되는 규칙을 정하고
바람직한 습관을 내면화하는 기회로 활용하세요.

지나친 휴식은 녹이 슨다. — 월트 스콧(Walter Scott)

스스로 답을 찾아가는 아이

"아빠, '비껴 놀겠지'가 무슨 말이야?"
"글쎄, 어디에서 그런 말이 나왔을까?"
"응, 동요를 부르는데 '파도 너는 비껴 놀겠지'라고 나왔어."
"그래? 네가 한 번 불러줄래?"
딸아이가 노래를 부르기 시작합니다.

파도가 놀다 간 뒤 모래 종이에 그림을 그려봅니다.
손가락 붓으로 그린 그림은 나의 친구 예쁜 그 얼굴.
마음씨 고와 천사라 부르는 미소 어린 친구 모습.
모래 위에 그리는 친구 모습을 파도 너는 비껴 놀겠지.

노래가 끝나자 아이에게 묻습니다.
"교은아, 파도가 치면 모래는 어떻게 될까?"
잠시 생각하던 딸아이가 손뼉을 치며 대답합니다.
"아, 파도가 치면 모래 그림이 없어지는구나."
그러곤 딸아이가 말을 잇습니다.
"그래서 파도가 다른 데 가서 노는구나. 그랬구나."
딸아이는 오늘도 이렇게 자신이 한 질문의 답을 찾습니다.
아빠인 저는 그냥 옆에서 거들 뿐입니다.

자녀들을 향한 현명한 칭찬은 꽃과 태양의 관계와 같다.
— 크리스티앙 네스텔 보비(Christian Nestell Bovee)

DEC 23

 아이를 키우는 부모의 말

딸아이에게 묻습니다.
"교은이는 아빠가 뭐라고 얘기해줄 때 기분이 좋아?"
조금의 망설임도 없이 대답합니다.
"응, 아빠가 나를 잘한다고 칭찬해줄 때가 좋아."
"그래, 그렇구나!"
아이나 어른 모두 마찬가지입니다.
아이의 노력과 실천에 대한 부모의 격려와 인정은
아이를 더욱 성장시키고 빛나게 합니다.
배움이 있는 모든 곳에서
아이의 노력과 과정을 격려해주세요.

인정이나 칭찬, 부드러움이나 인내, 감당하는 능력 등을 바라지 않는 사람은 이 세상에 아무도 없다. — 헨리 워드 비처(Henry Ward Beecher)

학년 발달 단계에 따른 공부

내 아이의 학년 발달 특성에 따라 지도 또한 달라져야 합니다.
초등 저학년 시기라면 즐거운 학교생활에 초점을 두어야 합니다.
이 시기에 아이들은 칭찬에 민감합니다.
칭찬을 받으면 더 열심히 실천합니다.
초등 중학년 시기에는 학습량과 부담이 늘어나고
자아 개념이 발달합니다.
차츰 공부 양을 늘려가며 학습의 기초를 잡아주어야 합니다.
신체적, 정서적, 사회적, 학업적 자존감이
긍정적으로 형성되도록 도와주세요.
초등 고학년 시기는 사춘기가 시작되고,
또래 관계가 폭발적으로 확장됩니다.
학업 성취의 차이가 확실해집니다.
스스로 공부하는 습관을 정착시키고
자기 주도 학습 능력을 길러야 합니다.

내일은 인생에서 가장 중요한 것이다. 자정이 되면 내일은 매우 깨끗한 상태로 우리에게 다가온다. 매우 완벽한 모습으로 우리 곁으로 와 우리 손으로 들어온다. 내일은 우리가 어제에서 뭔가를 배웠기를 희망한다. — 존 웨인(John Wayne)

어렵게 배울수록 오래 기억합니다

지식이나 기술을 쉽게 익힐수록
기억을 오래 유지하기 힘듭니다.
반대로 어렵게 익힐수록
그 지식이나 개념을 오래 기억합니다.
깨우치는 것이 늦고, 머리를 써서 배울수록
뇌에 한층 강하게 각인됩니다.
그래서 배움을 응용하고 활용할 기회가 커집니다.

가장 위대한 영광은 한 번도 실패하지 않음이 아니라 실패할 때마다 다시 일어서는 데에 있다. — 공자(孔子)

공부 환경을 만들어주는 정리정돈법

사람마다 차이는 있겠지만
대개 아이의 방과 책상을 잘 정리하는 것이
공부 능력을 키우는데 도움을 줍니다.
공부와 관련 없는 물건은 집중에 방해되고
다른 생각에 쉽게 빠져 들게끔 만듭니다.
아이가 정리정돈을 할 때는
끝까지 기다려주세요.
시간 제한을 주는 것도 좋습니다.
그러면 좀 더 집중하게 되고,
더 나은 판단력을 습득할 수 있습니다.
마지막으로 아이의 정리정돈에 대해 평가하면
바른 습관을 키울 수 있습니다.

필요하지 않거나 사용하지 않는 물건을 소유하는 것은 진정한 주인에게서 그 물건을 빼앗는 행위와 같다. — 후스트 곤잘레스(Hoost Gonzales)

세상에서 가장 값싸고 위대한 타인

우리는 태어나면서부터 타인을 갖습니다.
먼저 자기 자신에게서 나를 분리해낸
'엄마'라는 이름의 타인을 처음 만납니다.
그때부터 타인은 하나둘 늘어납니다.
가족, 친구, 선생님, 이웃 그리고 연인까지.
어쩌면 인간은 타인과 만나면서
인생을 배워가도록 만들어진 존재일지도 모릅니다.
다양한 타인 중 우리가 필요에 의해
쉽게 구하고 접할 수 있는 타인이 있습니다.
언제, 어디서든 나와 동행하고
수시로 대화를 나눠주는 타인,
그건 바로 책입니다.
책은 하나의 살아 있는 거대한 타인입니다.
이 세상에 나에게 말을 걸어줄 수백만,
수천만의 타인이 있다고 생각하면
희망이 절로 솟습니다.
소중한 책을 가진 사람은
소중한 타인을 품고 있는 셈입니다.

한 권의 양서는 위대한 정신의 귀중한 활력소이고, 삶을 초월해 보존하려고 방부처리한 보물이다. — 존 밀턴(John Milton)

지속적인 지식과 경험이 필요한 이유

우리가 언어를 이해하고 배우고 지식을 쌓는 것은
추상적인 느낌이 들지만 사실은 물리적인 것입니다.
우리가 모국어나 외국어, 또는 다른 지식을 익히고 배울 때
많은 시간과 노력이 필요한 이유는 바로 이 때문입니다.
신경회로망이 물리적으로 연결되고 활성화하면
쉽게, 빠르고 정확하게 문제를 해결하는 능력이 갖추어집니다.
어떤 지식과 경험을 받아들이고 배울 때
처음에는 힘들고, 느리고, 부정확하고,
고통스러운 과정을 거쳐야 합니다.
또 하나 중요한 점은 신경회로망이 활성화되는 것은
없었던 게 생기는 창조의 개념이 아니라
기존의 지식과 경험 위에 새로운 지식과 경험이 연결된다는 것입니다.
지속적인 지식과 경험이 필요한 이유입니다.

창의성은 내 안에 있는 것이 아니다. 그것은 우리 '사이'에 존재하는 것이다.
— 로버트 패브리컨트(Robert Fabricant)

DEC 29

 아이의 성공은 교실에서 길러지지 않습니다

요즘은 개인의 창의성과
아이디어의 중요성이 강조되는 시대입니다.
하지만 학교는 개인의 자율성과 창의성, 독창성과는 거리가 멉니다.
학교는 집단 생활을 통해 규칙과 질서를 지키며
교육을 통해 민주 시민을 양성하는 곳입니다.
앞으로 미래에 맞이하게 될 우리 아이에게
진정으로 필요한 것은 어디에서 만들어질까요?
누구나 같은 생각과 마음을 키우는 것이 아닌
아이 스스로의 생각과 행동을 키우고 실천하는 곳은
결국 가정입니다.

사람은 자기가 원하는 것을 찾아 세상을 돌아다닌다. 그리고 가정으로 돌아왔을 때 그것을 발견한다. ─ 조지 무어(George Moore)

능동적인 아이

자신을 존중하고 사랑하는 아이는
스스로 해야 할 일을 합니다.
능동적인 아이가 되기 위해서는
놀이나 정리 등 모든 활동을 할 때
아이에게 주도권을 주는 것이 좋습니다.
인간은 누구나 자신이 관심 있는 일을 할 때
동기 부여가 되고, 신 납니다.
부모는 능동적인 아이가 되도록
아이의 성향을 잘 파악하고,
그 성향에 맞게 행동을 예상할 수 있어야 합니다.
소심한 아이라면 지나치게 갈등 상황을 만들어
심리적 부담을 주지 않도록 해야 합니다.
마지막으로 아이의 수준, 관심, 성향, 행동 양식을 관찰하고
수준에 맞는 행동을 요구하는 것이 좋습니다.
지나치게 아이의 수준보다 높은 행동을 요구한다면
아이는 수동적으로 변하고 실패 경험이 쌓여갈 것입니다.

그대의 가치는 그대가 품은 이상에 의해 결정된다. 용기는 위기에 처했을 때 빛나는 법이다.
— 발타자르 그라시안(Baltasar Gracian)

부모가 아이의 물음에 응답할 차례

언제나 찾아오는 지구의 봄날.
올망졸망 입술에서 쏟아지는 수많은 이야기.
작은 발걸음을 통해 내딛는 수많은 발자국.
그리고 네 두 손으로 그려내는 모든 것.
지상의 어떤 언어로도 표현이 잘 안 돼.
너와 함께 걸으면 자꾸 자꾸만 미소가
두둥실 떠올라.
구름을 밟고 발끝으로 서서
고운 숨을 들이마시고 향기를 맡아
네 곁에 있으면.

세상 모든 사랑은 이와 비슷합니다.
곁에 있는 것만으로 설레고 행복한 것처럼
아이는 그렇게 부모 곁에 머물고 싶어 합니다.
아이는 엄마에게 지금 이 순간에도 신호를 보내고 있습니다.
날 봐달라고, 안기고 싶다고, 미소를 지어달라고.
이제 여러분이 응답할 차례입니다.
날 봐달라고, 안기고 싶다고, 미소를 지어달라고.

행복을 수중에 넣는 유일한 방법은 행복 그 자체를 인생의 목적으로 생각하지 말고,
행복 이외의 어떤 다른 것을 인생의 목적으로 삼는 것이다.
— 존 스튜어트 밀(John Stuart Mill)

내 아이를 위한
365일 부모 수업

1판 1쇄 발행 2016년 12월 8일
1판 4쇄 발행 2017년 1월 8일

지은이   박용재
발행인   허윤형
펴낸곳   황소북스
주소   서울 마포구 동교동 159-6번지 파라다이스텔 506호
전화   02 334 0173 **팩스** 02 334 0174
홈페이지 www.hwangsobooks.co.kr
블로그   http://blog.naver.com/hwangsobooks
커뮤니티 http://cafe.naver.com/hwangsobooks
트위터   @hwangsobooks
등록   2009년 3월 20일(신고번호 제 313-2009-54호)

ISBN 978-89-97092-68-0(13590)

© 2016 박용재

* 이 책은 황소북스가 저작권자와의 계약에 따라 발행한 것이므로
  본사의 서면 허락 없이는 어떠한 형태나 수단으로도 이 책의 내용을 이용하지 못합니다.
* 잘못된 책은 구입하신 서점에서 바꾸어 드립니다.
* 책값은 뒤표지에 있습니다.